사례로 알아보는 비영리법인 임직원을 위한 쉬운 세금

사 례 로 알 아 보 는

비영리법인 임직원을 위한 쉬운 세금

저자의 말 …

비영리법인과…

관련된 세금에 대한 책을 집필해야겠다는 생각을 처음 갖게 된 것은 매우 오래전의 일입니다. 그러나 자산관련 세제등의 일에 전념하다 보니 잊고 지내왔습니다. 기회가 생겨 새로운 마음으로 비영리법인과 관련된 책 준비를 시작하게 되었지만 집필작업을 하면서 많은 놀라움이 있었습니다.

비영리법인과 관련된 세금의 밀도는 생각보다 훨씬 더 다양하고 미묘했습니다. 물론 영리법인의 세금은 방대하고 그 방대함에 의해 복잡함을 수반하지만 비영리법인의 세금은 영리법인과 달리 비영리법인이 자체적으로 갖는 다양한 빛깔로 인한 미묘함이었습니다. 게다가 비영리법인이 목적사업외에 수익사업을 병행하는 경우는 마치 색의 3원색이 섞이게 되면 다양한 색깔이 나타나는 것과 같은 여러 빛깔의 사례들이 발생하고 있었습니다.

그러나 이에 대한 제도와 법규의 미흡함은 물론 관련 행정기관이나 관련 전문가집단 그리고 비영리법인 자체에서도 준비가 많이 미진하다는 것이 또 다른 놀라움이었습니다. 이러한 미비함에도 불구하고 비영리법인에

P·R·E·F·A·C·E

대한 사회적 투명성 기대치는 높아지고 있고 과세관청의 관리방침도 매년 엄격해지고 있습니다.

따라서 이 책의 집필의도는 단순합니다. 이러한 사회적 환경에 대해 비영리법인에서 근무하시는 임직원분들이 조금이라도 쉽게 관련 세금에 대해 이해를 돕고자 하는 것입니다. 더 나아가 여러분들이 근무하시는 비영리법인의 체계적 관리와 그동안 자의반 타의반 간과되어 왔던 내재적(內在的) 세금리스크를 줄이는데 좋은 길잡이가 되길 기대합니다. 앞으로도 내용의 질적향상을 위해 계속 노력하겠습니다.

2020년 11월

고 동 호

차 례…

1 비영리법인과 법인세

1 • 법인세법상 비영리법인 … 16
2 • 법인격없는 단체와 비영리법인 … 18
3 • 비영리법인과 고유번호등록증 … 22
4 • 법인세법상 수익사업과 법인세율 … 25
5 • 비영리법인과 이자소득(1)개인과 금융소득 … 27
6 • 비영리법인과 이자소득(2)법인과 이자소득 … 30
7 • 비영리법인과 이자소득(3)고유목적사업준비금 … 32
8 • 비영리법인과 이자소득(4)선택적 분리과세 … 36
9 • 비영리법인과 배당소득(1)원천징수 … 39
10 • 비영리법인과 배당소득(2)고유목적사업준비금 … 42
11 • 비영리법인의 임대소득 … 44
12 • 유형자산처분(1)고유목적사업 사용자산 … 46
13 • 유형자산처분(2)처분일 현재 … 48
14 • 유형자산처분(3)전입한 자산 … 49
15 • 유형자산처분(4)당황한 양도소득세 … 52
16 • 유형자산처분(5)89코드 VS 82코드 … 55
17 • 유형자산처분(6)82코드 발급 … 57
18 • 유형자산처분(7)주택등의 양도 … 60
19 • 유형자산처분(8)특례법인세 제도 … 63
20 • 수익사업의 구분 … 66
21 • 구분경리 … 70
22 • 공통자산·부채와 공통익금·손금 … 73
23 • 비영리법인과 기장의무 … 76
• 요약 및 복습 : 비영리법인과 법인세 … 80

C·O·N·T·E·N·T·S

2 비영리법인과 기부금

1 • 기부금의 종류 … 94
2 • 법정기부금(1)대상/한도 … 97
3 • 법정기부금(2)한도초과액 … 100
4 • 지정기부금(1)대상/한도 … 102
5 • 지정기부금(2)고유목적사업비 … 105
6 • 지정기부금단체가 아닌 경우 … 107
7 • 다른 비영리법인에 기부하는 경우 … 110
8 • 지정기부금단체의 지정기간 … 112
9 • 개인기부금(1)소득세법상 기부금 범위 … 115
10 • 개인기부금(2)개인사업자의 경우 … 119
11 • 개인기부금(3)개인 VS 법인 … 122
12 • 개인기부금(4)근로소득자의 경우 … 125
13 • 개인기부금(5)세액공제 계산 FLOW … 127
14 • 개인기부금(6)그 외 종합소득자 … 131
15 • 개인기부금(7)양도소득만 있는 경우 … 135
16 • 필요경비 산입 VS 기부금 세액공제 … 137
17 • 기부장려금 제도 … 140
18 • 기부장려금 환급절차 … 142
19 • 기부장려금 신청대상 … 144
20 • 기부받은 자산의 취득가액 … 146
  • 요약 및 복습 : 비영리법인과 기부금 … 148

차 례 ...

3 비영리법인과 고유목적사업준비금

1 • 고유목적사업준비금의 성격 … 162
2 • 기부금과 고유목적사업준비금(1)기부금 … 164
3 • 기부금과 고유목적사업준비금(2)고유목적사업준비금 … 166
4 • 고유목적사업준비금 설정대상 … 168
5 • 고유목적사업준비금의 설정한도 … 172
6 • 고유목적사업준비금과 결산조정 … 177
7 • 고유목적사업준비금과 신고조정 … 180
8 • 신고조정에 의한 설정·사용 … 183
9 • 비영리법인과 공익법인 … 186
10 • 공익법인회계기준의 적용범위 … 188
11 • 고유목적사업준비금의 사용(1)인건비 … 191
12 • 고유목적사업준비금의 사용(2)부동산등의 취득 … 195
13 • 고유목적사업준비금을 먼저 사용하는 경우 … 199
14 • 고유목적사업준비금 미사용시 불이익 … 200
• 요약 및 복습 : 비영리법인과 고유목적사업준비금 … 202

4 비영리법인과 부가가치세

1 • 부가가치세 일반 … 214
2 • 비영리법인과 매입VAT … 217
3 • 사업자와 부가가치세 … 219
4 • 비영리법인과 면세 … 222
5 • 일시적 공급과 면세 … 224
6 • 비사업자와 면세 … 226
7 • 부가가치세의 과세기간 … 228
8 • 수익사업의 개시 … 230
9 • 사업자등록 … 233
10 • 면세사업자의 사업자등록 … 235
11 • 공통매입세액 … 236
12 • 대리납부 … 238
• 요약 및 복습 : 비영리법인과 부가가치세 … 240

차 례 …

5 비영리법인과 상속·증여세

1 • 비영리법인과 증여세 … 248
2 • 증여세 대납 … 250
3 • 증여재산공제 … 254
4 • 비영리법인과 증여세(1)비과세와 과세가액 불산입 … 258
5 • 비영리법인과 증여세(2)과세가액 불산입 사후관리 … 260
6 • 과세가액불산입 대상 비영리법인 … 261
7 • 공익법인 관리규정 … 263
8 • 증여후 반환 … 266
9 • 출연재산과 부담부증여 … 269
10 • 증여세 부과권 제척기간 … 272
11 • 상속세 납세의무자 … 274
12 • 유산세제도 … 277
13 • 고율(40%, 50%)적용대상 상속재산의 기부 … 281
14 • 출연재산에 대한 규정 … 283
15 • 공익법인과 상속세 절세효과 … 286
16 • 공익법인과 유류분 … 289
17 • 주식출연의 제한 … 293
18 • 주식출연에 제한이 없는 경우 … 296
19 • 영리법인과 상속·증여세 … 298
   • 요약 및 복습 : 비영리법인과 상속·증여세 … 300

C·O·N·T·E·N·T·S

6 비영리법인의 출연재산 사후관리

1 • 영리법인이 증여받은 경우 … 312
2 • 영리법인의 이월결손금 보전에 사용 … 314
3 • 개인사업자가 증여받는 경우 … 316
4 • 개인사업자의 결손금 보전에 사용 … 318
5 • 출연재산 목적사업에 사용 … 319
6 • 부득이한 사유가 있는 경우 … 322
7 • 수익사업에 사용하는 경우 … 323
8 • 운용소득 미달사용시 가산세 … 325
9 • 운용소득을 다른 곳에 사용한 경우 … 326
10 • 출연재산을 매각하는 경우 … 328
11 • 매각대금을 수익사업에 사용한 경우 … 330
12 • 출연재산을 다른 공익법인에 재출연하는 경우 … 332
13 • 출연재산 사후관리규정의 통합정리 … 334
14 • 출연자등이 이사로 취임하는 경우 … 337
15 • 부득이한 이사비율의 변화 … 339
16 • 소액출연자 제외 … 341
 • 요약 및 복습 : 비영리법인의 출연재산 사후관리 … 344

차 례···

7 비영리법인과 지방세

1 • 취득세율(1)무상취득 ··· 352
2 • 취득세율(2)유상취득 ··· 354
3 • 사회복지법인의 취득세 감면 ··· 357
4 • 취득세 감면과 사후관리 ··· 359
5 • 사회복지법인의 재산세 감면 ··· 361
6 • 의료법인 취득세/재산세 감면 ··· 363
7 • 교육기관 취득세/재산세 감면 ··· 367
8 • 종교단체 취득세/재산세 감면 ··· 369
9 • 문화예술단체 취득세/재산세 감면 ··· 371
10 • 비영리법인별 지방세 감면/추징요약 ··· 373
11 • 부동산 명의자와 재산세 감면 ··· 376
12 • 지방세 감면제한(최소납부세액제도) ··· 378
 • 요약 및 복습 : 비영리법인과 지방세 ··· 380

8 비영리법인의 의무와 불이익

1 • 비영리공익법인 월별 중요 신고의무 ··· 390
2 • 납세협력의무 불이행시 불이익 ··· 393

부록 세금계산 FLOW

1 • 법인세 계산 Flow … 398
2 • 양도소득세 계산 Flow … 400
3 • 상속세 계산 Flow … 402
4 • 증여세 계산 Flow … 405
5 • 부가가치세 계산 Flow … 407

01

비영리법인과 법인세

1 CASE 법인세법상 비영리법인

사례연구::

이번에 비영리법인인 재단법인 수오재(守吾齋)에 입사한 고삼돌씨는 비영리법인과 관련된 지식을 폭넓게 공부하고자 한다. 고삼돌씨는 특히 비영리법인과 관련한 법인세분야에 대해 관심이 많다. 학구적인 고삼돌씨는 법인세법에서 규정하고 있는 비영리법인의 개념부터 살펴보고 있다.

조언방향::

법인세법상 비영리법인은 크게 3가지로 구분하고 있다. 즉, 민법(32조)에 의해 설립된 법인, 특별법에 의해 설립된 법인, 국세기본법에서 법인으로 보는 단체등이다. 아래에서 자세히 살펴보자.

이론정리 및 심화학습

| 비영리법인의 종류 |

(1) 민법에 의해 설립된 법인

민법(32조)에 의해 설립된 법인이란 사단법인·재단법인으로 학술, 종교, 자선, 기예, 사교 기타 영리가 아닌 사업을 목적으로 주무관청의 허가를 얻어 설립한 법인을 말한다. 주위에 많이 접하게 되는 사회복지재단, 장학재단, 종교재단, 학술재단등이 여기에 해당된다.

(2) 특별법에 의해 설립된 법인

특별법에 의해 설립된 법인이란 사립학교법등 특별법에 의해 설립한 법인으로 민법 32조에 규정한 목적과 유사한 목적을 가진 법인을 말한다. 학교법인(사립학교법), 의료법인(의료법), 사회복지법인(사회복지사업법)등이 이에 속한다.

(3) 국세기본법에서 법인으로 보는 단체 (사단·재단)

법인격이 없는 사단·재단·단체(이하 '법인격 없는 단체')는 법인격이 없기 때문에 원칙적으로 법인세법이 아닌 소득세법을 적용해야 한다. 하지만 법인격 없는 단체중에서 국세기본법상 「법인으로 인정」되는 경우에는 비영리법인으로 보아 법인세법을 적용한다.

[법인세법상 비영리법인]

구 분	종 류
법인세법상 비영리법인	민법(32조)에 의해 설립된 법인
	특별법(사립학교법등)에 의해 설립된 법인
	국세기본법에서 법인으로 보는 단체(사단·재단 등)

2 CASE 법인격없는 단체와 비영리법인

사례연구::

이러한 조언에 사단(社團)과 재단(財團)에 대해 잘 모르는 고삼돌씨는 사단과 재단중에 법인이 아닌 사단·재단이 있는지 따지듯이 묻고 있다. 고삼돌씨는 사단과 재단은 전부 법인일 것이라고 지레짐작하고 있다.

조언방향::

물론 사단과 재단은 법인인 경우(사단법인, 재단법인)가 대부분이다. 그런데 사단·재단이 법인격을 가지려면 주무관청의 허가를 받아 설립이후 법원등기소에 법인 설립등기를 해야만 법인격을 갖는다. 따라서 설립은 했지만 법원등기소에 법인 설립등기하지 않은 사단·재단은 법인격이 없다.

이론정리 및 심화학습

| 사단과 재단 |

우선 사단과 재단에 대해 알아보자.

(1) 사단(社團)

특정 목적을 위해 모인 사람들의 집합체로서 개개인의 구성원을 초월하여 독립적으로 활동하는 단체를 말한다. 재단이 물적단체인 반면 사단은 인적단체로 볼 수 있다. 사단중 법인설립등기를 한 경우를 사단법인이라고 하고 법인설립등기를 하지 않는 경우는 법인격 없는 단체(사단)로 구분한다. 사단의 경우 일반적으로 법인설립등기를 하여 사단법인인 경우가 많으나 법인설립으로 인한 여러 규제와 번거로움 때문에 법인설립등기를 하지 않고 그냥 사단으로 남아있는 경우도 있다.

(2) 재단(財團)

특정 목적을 위한 재산의 결합집단을 말한다. 사단의 경우 인적요소가 중요한 반면 재단은 인적인 요소보다 특정 목적을 위해 출연한 재산이 기본이 된다. 주로 공익을 목적으로 출연재산이 있는 재단의 경우가 많다. 재단도 역시 법인설립등기를 한 경우를 재단법인이라고 하고 법인설립등기를 하지 않은 경우를 법인격 없는 단체(재단)이라고 한다.

[사단과 재단]

구 분	내 용		
사 단	특정 목적을 위한	사람들의 집합체	인적단체
재 단		재산의 결합집단	물적단체

> 작은사례

설립등기를 하지 않아 법인격이 없는데도 비영리법인으로 의제하는 경우가 있다는 조언에 고삼돌씨가 「법인격 없는 단체」가 국세기본법에 의해 비영리법인으로 보는 경우는 어떤 것이 있는지 정리해달라고 하고 있다.

국세기본법상 법인으로 인정받는 「법인격 없는 단체」는 우선 크게 2가지이다. 하나는 당연 법인(비영리법인)으로 보는 법인격 없는 단체와 다른 하나는 신청과 승인에 의해 법인(비영리법인)으로 보는 단체이다.

[법인격 없는 단체의 구분]

구 분	의제 유형
(1) 당연 법인으로 보는 경우	비영리법인 의제 (법인세법 적용)
(2) 신청승인에 의해 법인으로 보는 경우	
(3) 그 外	거주자 의제 (소득세법 적용)

(1) 당연 법인으로 보는 「법인격 없는 단체」

① 주무관청의 허가(또는 인가)를 받아 설립되거나 법령에 따라 주무관청에 등록한 사단·재단·기타단체
② 공익을 목적으로 출연된 기본재산이 있는 재단(수익을 구성원에게 배분하지 않아야 한다)

(2) 신청과 승인에 의해 법인으로 보는 「법인격 없는 단체」

다음의 요건을 모두 갖추고 대표자나 관리인이 관할세무서장에게 신청하여 승인을 받아야 한다.

① 단체의 조직과 운영에 관한 규정을 가지고 대표자나 관리인을 선임하고 있을 것
② 단체 자신의 계산과 명의로 수익과 재산을 독립적으로 소유, 관리할 것
③ 단체의 수익을 구성원에게 분배하지 아니할 것

[국세기본법에 의한 비영리법인]

구 분		내 용
국세기본법에 의한 비영리법인	당연	주무관청의 허가를 받아 등록한 사단, 재단, 단체로 법인설립등기하지 않은 단체
	신청 승인	이익분배하지 않고 정관등의 요건을 갖추고 신청에 의해 법인의제 승인받은 단체

3 CASE 비영리법인과 고유번호등록증

사례연구 : :

이강적씨가 근무하고 있는 적강장학재단(謫降獎學財團)의 재원은 100% 기부금이다. 그 외의 재원은 없으면 매년 기부받은 금액은 전액 장학금지급에 사용하고 있다. 이강적씨는 장학재단이 법인세법과 무슨 관련이 있는지 의아해하고 있다. 수익사업도 하지 않고 오직 기부받은 금액을 전액 장학금으로 사용하여 수지계산서도 매년 제로(0)인데 세무서와 무슨 관계가 있냐는 것이다.

조언방향 : :

비영리법인도 당연히 법인세법과 관련이 있다. 우선 법인세법에 의하면 법인은 원칙적으로 세무서에 사업자등록을 신청하여 사업자등록증과 사업자등록번호를 받아야 한다. 그래야만 비로소 세금계산서를 발행하는 등의 경제적 행위를 할 수 있다.

그러나 적강장학재단처럼 수익사업을 하지 않는 비영리법인은 사업자등록증을 발급받을 필요는 없다. 하지만 비영리법인은 사업자등록증 대신 세무서에 고유번호등록증을 신청하여 고유번호를 발급받아야 한다.

이론정리 및 심화학습

| 사업자등록증과 고유번호등록증 |

영리법인과 수익사업이 있는 비영리법인은 사업자등록증을 발급받아야 하지만 수익사업이 없는 비영리법인은 사업자등록증 대신 고유번호등록증을 발급받으면 된다.

[사업자등록증과 고유번호등록증]

구 분		세무서 발급등록증
영리법인		사업자등록증
비영리법인	수익사업 있는 경우	사업자등록증
	수익사업 없는 경우	고유번호등록증

작은사례 1

이러한 조언에도 이강적씨는 적강장학재단의 경우 수익사업과 전혀 상관없는데 왜 세무서에서 고유번호등록증을 발급받아야 하는지 불만을 표시하고 있다.

비영리법인의 고유번호등록증 발급이 강제사항은 아니지만 거의 필수적이다. 고유번호증을 발급받으면 고유번호를 부여받게 된다. 비영리법인이 사무용 집기비품등을 구입할 때 매입세금계산서를 받아야 하는데 이때 사업자등록번호 대신 고유번호등록증상의 고유번호를 기재하여 세금계산서를 발급받는 등 경제활동에 반드시 필요하다.

> 작은사례 2

이러한 조언에 이강적씨는 그럼 동창회나 아파트부녀회등의 단체도 세무서에서 고유번호증을 발급받으면 여러 가지로 편리할수 있는 것 아니냐며 질문을 계속하고 있다.

그렇다. 동창회, 아파트부녀회등도 고유번호등록증을 발급받으면 은행계좌 개설시에도 개인명의(회장등)가 아닌 동창회, 아파트부녀회 명의로 개설할 수 있고 세금계산서를 받을 때도 개인의 주민등록번호를 기재하는 등의 불편함 대신 동창회, 아파트부녀회의 고유번호등록증상 고유번호를 기재할 수 있어 매우 편리하다.

4 CASE 법인세법상 수익사업과 법인세율

사 례 연 구 : :

이강적씨는 비영리법인도 수익사업에 대해 법인세가 과세된다는 조언에 비영리법인은 모든 활동의 최종목표가 사회적 공익을 위한 것인데 왜 수익사업에 대해 법인세를 과세하는지 이해할 수 없다는 입장이다. 이강적씨는 우선 법인세가 과세되는 수익사업이 구체적으로 어떤 것이 있는지 알고 싶어 한다. 그리고 과세되는 경우 법인세율은 어떻게 되는지도 알려달라고 하고 있다.

조 언 방 향 : :

법인세법에서 영리법인인지 비영리법인인지 구분은 전혀 중요하지 않다. 왜냐하면 법인의 형태와 관계없이 법인세법에서 규정하고 있는 수익사업을 하는 경우 법인세를 과세하기 때문이다. 즉 비영리법인이라고 하더라도 법인세법상 수익사업으로 열거하는 사업을 하는 경우에는 법인세 과세대상이 된다.

이론정리 및 심화학습

| 법인세법상 과세대상 수익사업 |

법인세법에서 규정하고 있는 비영리법인의 수익사업 범위는 다음과 같다.

① 제조업·건설업등 각 사업에서 발생하는 수입
② 이자소득
③ 배당소득
④ 주식등의 처분수입
⑤ 고정자산 처분수입
⑥ 부동산에 관한 권리 및 기타자산의 양도로 생기는 수입
⑦ 채권등의 매매이익

| 법인세율 |

법인세율은 다음과 같다.

[법인세율]

과세표준	법인세율
2억원이하	10%
2억원초과 200억원이하	2,000만원＋2억원초과금액의 20%
200억원초과 3,000억원이하	39억8,000만원＋200억원초과금액의 22%
3,000억원초과	655억8,000만원＋3,000억원초과금액의 25%

5 CASE 비영리법인과 이자소득(1)개인과 금융소득

사례연구::

임문향씨가 출연하여 운영하는 문향사회복지법인(聞香社會福祉法人)은 출연재산 대부분을 금융기관에 예치한 후 거기서 발생하는 이자소득으로 고유목적사업(사회복지사업)을 운영하고 있다. 기부금도 받지 않고 오직 출연재산에서 발생하는 이자소득을 전액 고유목적사업을 위해서 사용하는데 이자소득이 법인세법상 과세대상 소득이라는 조언에 임문향이사장은 기가 찰뿐이다.

조언방향::

기부금 수입은 법인세 과세대상이 아니다. 하지만 이자소득은 앞의 사례에서 보듯 원칙적으로 과세대상 수익사업에 속한다. 그러나 공익성을 가진 비영리법인의 금융소득은 고유목적사업의 주요 근간이 되는 재원이다. 이처럼 공익목적을 가진 비영리법인의 금융소득에 대해 영리법인과 동일하게 법인세를 과세하는 것은 공익목적 재원일부를 정부가 세금으로 회수하는 결과이기 때문에 불합리하다. 따라서 비영리법인의 금융소득에 대해서는 고유목적준비금이라는 제도를 통해 과세에서 제외하는 혜택이 있다. 심화학습에서 계속 살펴보자.

이론정리 및 심화학습

| 금융소득이란? |

금융소득은 이자소득과 배당소득을 말하며 비영리법인의 금융소득은 원칙적으로 법인세 과세대상소득이다.

[금융소득]

구 분	내 용
금융소득	이자소득
	배당소득

| 개인(거주자)과 이자소득 |

(1) 금융기관 이자지급시

개인(거주자)에게 이자소득을 지급할 때 금융기관은 15.4%(=소득세 14% + 지방소득세 1.4%)를 원천징수한 후 개인에게 지급한다. 즉 1,000만원의 이자 지급시 154만원(지방소득세 포함)의 세금을 원천징수한 후 846만원을 개인에게 지급한다.

(2) 분리과세와 종합과세

개인의 경우 지급받은 이자소득을 포함한 금융소득이 연간 2,000만원 이하이면 원천징수(15.4%)에 의해 납세의무를 종결하고 연간 2,000만원 초과시에는 다른 종합소득(사업소득, 근로소득, 연금소득, 기타소득)과 합산하여 종합과세한다. 이를 금융소득 종합과세라고 한다.

[거주자 금융소득 과세]

구 분			과세형태
개인 (거주자)	금융소득	2,000만원 이하	원천징수 15.4%에 의해 납세의무 종결(분리과세)
		2,000만원 초과	다른 종합소득(사업, 근로, 연금, 기타)과 합산하여 종합과세

(3) 분리과세와 종합과세

분리과세는 원천징수(15.4%)에 의해 납세의무가 종결되어 세무신고등의 후속절차가 없다. 금융소득이 2,000만원이하인 경우 원천징수에 의해 납세의무가 종결되는 것이 대표적 분리과세이다. 반면 종합과세대상이 되면 다른 종합소득과 합산하여 다음해 5월 세무서에 종합소득세를 신고해야 하고 원천징수된 소득세(14%)는 기납부세액으로 공제된다.

[분리과세와 종합과세]

구 분	지급시 원천징수 후 의무사항
분리과세	없 음
종합과세	다음해 5월에 다른 종합소득과 합산하여 종합소득세 신고

6 CASE 비영리법인과 이자소득 (2) 법인과 이자소득

사례연구 ::

개인(거주자)의 경우 이자소득 지급시 15.4% 원천징수한 후 연간 지급받은 금융소득 2,000만원을 기준으로 분리과세와 종합과세를 한다는 조언에 임문향이사장은 비영리법인에 대해서도 이자지급시 15.4%를 원천징수하는지 문의하고 있다. 문향복지법인에서는 그동안 은행에서 지급한 이자를 아무 생각없이 찾아서 고유목적사업에 사용했기 때문에 원천징수여부도 모르고 있다.

조언방향 ::

그렇다. 영리법인이든 비영리법인이든 상관없이 금융기관에서는 법인에게 이자소득 지급시에도 원천징수한다. 원천징수세율은 지급이자의 15.4%(법인세 14% + 법인지방소득세 1.4%)이다.

이론정리 및 심화학습

| 이자소득 원천징수 |

금융기관은 이자소득 지급시 개인(거주자)이든 법인(영리, 비영리)이든 상관없이 15.4%를 원천징수한다.

[이자소득 원천징수]

구 분		소득(법인)세	지방소득세	총 원천징수세율
이자소득	거주자	14%	1.4%	15.4%
	법 인			

> 작은사례

임이사장은 법인의 경우도 금융소득이 연간 2,000만원이하면 원천징수(15.4%)에 의해 납세의무를 종결하는지 질문하고 있다.

그렇지 않다. 개인의 경우와 달리 법인의 금융소득은 법인의 다른 소득과 합산하여 법인세를 과세한다.

[법인과 개인의 금융소득 과세방법]

구 분		내 용
개인(거주자)	연간 2,000만원이하	원천징수에 의해 분리과세
	연간 2,000만원 초과	다른 종합소득과 합산하여 종합과세
법인	금액에 관계없이	다른 법인소득과 합산과세

7 CASE 비영리법인과 이자소득(3)고유목적사업준비금

사례연구 ::

비영리법인의 이자소득이 과세대상소득이지만 고유목적사업준비금을 설정하면 과세제외라는 조언에 문향복지법인의 임이사장은 이자소득을 고유목적사업에 사용하면 과세제외인데 왜 원천징수 한 것이냐며 다소 흥분하고 있다.

조언방향 ::

비영리법인의 이자소득이 과세제외 되려면 이자소득을 고유목적에 사용하는 것만으로 되는 것은 아니다. 그 전에 형식적인 절차가 반드시 필요하다. 즉 비영리법인은 이자소득에 대해 고유목적사업준비금을 설정해야만 과세제외(손금산입)되는 형태로 규정하고 있다. 아래에서 자세히 살펴보자.

이론정리 및 심화학습

| 고유목적사업준비금의 등장 |

비영리법인의 금융소득은 사회적 공익을 위한 활동에 중요재원이 되는 소득인데 그에 대해 정부에서 법인세를 과세하여 일부를 환수해간다면 좋은 취지를 위축시킬 수 있다. 그래서 등장한 것이 고유목적사업준비금이다.

| 이자소득과 고유목적사업준비금 |

비영리법인은 이자소득에 대해 고유목적사업준비금을 설정하면 그 금액을 손금으로 산입한다. 이자소득과 배당소득에 대해서는 100% 고유목적사업준비금의 설정이 가능하기 때문에 1,000만원의 이자소득이 있는 비영리법인이 고유목적사업준비금 1,000만원을 설정하면 1,000만원이 손금(고유목적사업준비금전입액)인정되어 과세표준이 0이 된다. 따라서 실질적으로 부담해야 하는 법인세는 없다.

[고유목적사업준비금과 법인세]

구 분	고유목적사업준비금	법인세
비영리법인 이자소득	설정시	실질적 과세제외(환급에 의해)
	설정하지 않은 경우	법인세 과세됨

작은사례 1

이러한 조언에 임이사장은 올해 금융기관에서 원천징수후 실수령한 이자가 8,460만원인데 어떻게 하면 과세에서 제외되는지 그리고 환급받을 수 있는 법인세는 얼마인지 알려달라고 부탁하고 있다.

문향복지법인의 원천징수후 수령한 이자 8,460만원은 법인세 14%와 법인지방소득세 1.4%를 원천징수후의 금액이다. 따라서 실제 이자소득은 1억원(=8,460만원/(1−0.154)이고 원천징수분은 법인세 1,400만원(14%)과

법인지방소득세 140만원(1.4%)이다. 따라서 이자소득 1억원에 대해 고유목적사업준비금 1억원(100%)을 설정하면 다음과 같이 원천징수분 법인세 1,400만원을 환급받을 수 있다.

[이자소득 원천징수 법인세 환급]

(단위 : 원)

구 분	금 액	비 고
① 이자소득금액	100,000,000	
② 고유목적사업준비금 손금산입액	100,000,000	
③ 과세표준(①-②)	0	
④ 세율	-	
⑤ 산출세액	0	
⑥ 기납부세액(원천징수액 법인세)	14,000,000	14%
⑦ 차감 납부(△환급)세액(⑤-⑥)	△14,000,000	

NOTE

원천징수당한 법인지방소득세 140만원에 대해서도 동일한 방법으로 구청 등에 신고하여 환급받을 수 있다.

[작은사례 2]

금융소득(이자소득과 배당소득)에 대해서는 100% 고유목적사업준비금 설정이 가능하다는 조언에 임이사장은 비영리법인이 임대수입등 다른 수익사업소득이 있는 경우 그 수익사업에 대해서도 고유목적사업준비금을 설정하면 손금인정이 가능한지 문의하고 있다.

가능하다. 비영리법인은 금융소득외에도 법인세법에서 규정하고 있는 다른 수익사업의 소득에 대해서도 일정비율(50%, 80%, 100%)의 고유목적사업준비금 설정을 허용하고 있다.

[고유목적사업준비금 손금산입액]

$$\text{손금산입범위} = \text{이자·배당소득} \times 100\% + \text{수익사업소득금액}^{(주1)} \times 50\%(80\%, 100\%)^{(주2)}$$

(주1) 정확히는 (수익사업소득금액 − 이자·배당소득금액 − 이월결손금 − 법정기부금 손금산입액)
(주2) 수입사업소득금액에 대한 손금산입비율이 50%, 80% 100%인 비영리법인은 3장 사례연구 5 (고유목적사업준비금의 설정한도) 참조바람.

NOTE

고유목적사업준비금은 매우 중요한 파트여서 3장(비영리법인과 고유목적사업준비금)에서 독립적으로 다루고 있다.

8 CASE 비영리법인과 이자소득(4)선택적 분리과세

사례연구::

문향복지법인의 임이사장은 그동안 고유목적사업준비금을 설정하지 않아 환급받지 못한 이자소득 원천징수 금액이 몇 천만원이나 된다는 사실에 아연실색하고 있다. 생각할수록 너무너무 억울한 임이사장은 세무서는 뭐하는 곳이냐며 언성을 높이고 있다. 문향복지법인은 매년 수령하는 이자소득에 대해 그동안 전혀 세무신고를 하지 않았는데 비영리법인의 이자소득이 법인세법상 과세소득이면 세무서에서 세금을 내라던지 아니면 최소한 과세대상이라는 통지는 있어야 하는 것 아니냐는 것이다. 지금까지 어떻게 세무서에서 아무 연락이 없을 수 있는지 이해할 수 없다는 것이다.

조언방향::

그렇지 않다. 비영리법인은 이자소득에 대해 2가지 선택권이 있다. 하나는 앞의 사례처럼 이자소득에 대해 고유목적사업준비금을 설정하여 법인세 신고를 하는 방법이고 다른 하나는 아예 이자소득에 대해 법인세 신고를 하지 않는 방법이다. 비영리법인이 이자소득에 대해 법인세 신고를 하지 않는 경우에는 원천징수(15.4%)에 의해 이자소득에 대한 납세의무를 종결한다. 따라서 세무서는 문향복지법인이 이자소득에 대해 신고를 하지 않아 원천징수에 의해 납세의무를 종결하는 방법을 선택했다고 판단한 것이다. 이는 전적으로 문향복지법인에 그 책임이 있다.

이론정리 및 심화학습

| 이자소득에 대한 선택적 분리과세(신고특례) |

비영리법인은 원천징수된 이자소득에 대해 법인세 과세표준신고를 하지 않을 수 있다. 이를 비영리법인의 이자소득에 대한 신고특례라고 한다. 신고특례를 선택한 비영리법인은 이자소득에 대해 원천징수에 의해 납세의무가 종결된다.

[이자소득에 대한 선택가능]

구 분	내 용	
비영리법인의 이자소득	원천징수에 의해 납세의무 종결 (신고특례)	선택가능
	준비금 설정 후 법인세신고에 의한 원천징수금액 환급	

작은사례

이러한 조언에 임문향이사장은 마음을 진정하며 다음부터는 반드시 고유목적사업준비금을 설정하여 원천징수된 법인세를 환급받겠다고 결심하고 있다. 학구적인 임여사는 갑자기 이자소득은 법인세법상 수익사업이기 때문에 사업자등록을 해야 하는 것은 아닌지 문의하고 있다. 현재 문향복지법인은 고유번호등록증만을 보유하고 있다.

그렇지 않다. 법인세법상 수익사업에 해당하더라도 다 사업자등록을 해야 하는 것은 아니다. 부가가치세법상 부가가치세 과세대상이 되는 사업소득(제조업, 임대업등)에 한해 사업자등록을 해야 한다. 따라서 비영리법인이 부가가치세 과세대상이 아닌 이자소득과 배당소득만 있는 경우에는 사업자등록을 하지 않아도 된다.

9 CASE 비영리법인과 배당소득 (1) 원천징수

사례연구 ::

임문향이사장의 여고동창인 박후소(朴後素)여사는 미술후원관련 비영리법인 후소재단(後素財團)을 운영하고 있다. 후소재단은 후원자가 기부한 상장회사주식을 아주 조금(지분율 0.1%미만) 보유하고 있다. 하지만 워낙 대기업 주식이어서 이번에 배당소득을 2,580만원이나 지급 받았다. 임문향이사장으로부터 비영리법인이 금융소득(이자, 배당소득)에 대해 고유목적사업준비금을 설정하면 원천징수 당한 법인세를 환급받을수 있다는 얘기에 박여사는 매우 고무되어 있다. 학생때부터 수학에 소질이 있던 박후소여사는 암산으로 법인세 원천징수세율이 14%이면 420만원(=2,580만원/0.86×0.14)의 법인세를 환급받을 수 있다며 들떠있다.

조언방향 ::

후소재단은 환급받을 수 없다. 왜냐하면 배당소득은 이자소득과 같은 금융소득이지만 이자소득과 달리 배당소득을 법인에 지급하는 경우에는 원천징수의무가 없다. 따라서 후소재단이 받은 2,580만원은 원천징수없이 지급한 배당소득 전액이다. 원천징수당한 세액이 없기 때문에 당연히 환급받을 세액도 없다. 심화학습에서 자세히 살펴보자.

이론정리 및 심화학습

| 배당소득에 대한 원천징수 |

법인에게 이자소득을 지급할때는 14%의 법인세와 1.4%의 지방소득세를 원천징수하지만 배당소득을 지급할때는 원천징수 하지 않고 전액 지급한다.

[법인 금융소득과 원천징수]

구 분	원천징수 의무
법인 이자소득	있 음(15.4%)
법인 배당소득	없 음

작은사례

이러한 조언에 박후소여사는 '배당소득에 대해 잘 모르는 것 아니냐'며 핀잔 섞인 질문을 계속하고 있다. 얼마전 자신이 투자한 주식으로부터 배당금을 지급 받을때 원천징수영수증을 받아서 두 눈으로 똑똑히 배당소득이 원천징수 당한 사실을 확인했는데 무슨 말이냐며 흥분하고 있다.

박여사는 진정해야한다. 배당소득의 경우 개인에게 지급시에는 원천징수 하지만 법인에게 지급시에는 원천징수 하지 않는다.

[배당소득과 원천징수의무]

구 분		원천징수의무
배당소득	개인에게 지급시	있음(소득세14% + 지방소득세1.4%)
	법인에게 지급시	없 음

개인의 경우 앞에서 살펴본 것처럼 배당소득은 이자소득과 합산하여 연간 2,000만원 이하이면 원천징수에 의해 납세의무를 종결(분리과세)하고 2,000만원 초과시 금융소득 종합과세에 해당되어 다른 종합소득과 합산하여 내년 5월에 종합소득세 신고를 해야한다.

10 CASE 비영리법인과 배당소득(2)고유목적사업준비금

사례연구 ::

이러한 일목요연한 정리에 박후소여사는 허탈해하고 있다. 박여사는 후소재단은 배당소득에 대해 환급받을 것이 없기 때문에 고유목적사업준비금을 설정할 이유도 필요도 없다며 괜히 시간낭비만 했다고 후회하고 있다.

조언방향 ::

그렇지 않다. 고유목적사업준비금의 설정목적은 환급유무에 있는 것이 아니다. 후소재단이 받은 배당소득은 법인세 과세대상이다. 따라서 배당소득에 대해 고유목적사업준비금을 설정하지 않으면 법인세를 납부해야한다. 따라서 후소재단은 반드시 고유목적사업준비금을 설정하여 배당소득에 대한 법인세를 절세하는 것이 절대적으로 유리하다.

이론정리 및 심화학습

| 이자소득과 배당소득 |

비영리법인의 이자소득에 대해서는 법인세 신고하지 않을수 있다. 그런 경우 비영리법인은 이자소득에 대해 원천징수에 의해 납세의무를 종결했다.

하지만 배당소득의 경우에는 이자소득과 같은 신고특례(선택적 분리과세)가 없다. 왜냐하면 배당소득은 원천징수 당하지 않았기 때문이다. 따라서 비영리법인의 배당소득은 법인세 신고시 합산하여 신고해야한다.

| 배당소득과 고유목적사업준비금 |

따라서 배당소득이 과세되지 않으려면 반드시 고유목적사업준비금을 설정하고 손금인정을 받아야 한다. 고유목적사업준비금의 설정시와 미설정시 납부세액 차이는 다음과 같이 무려 258만원이다.

[배당소득과 고유목적사업준비금 설정여부]

(단위 : 만원)

구 분	준비금 미설정시	준비금 설정시
① 배당소득금액	2,580	2,580
② 원천징수액	0	0
③ 수령 배당소득금액(①-②)	2,580	2,580
④ 고유목적사업준비금	–	2,580
⑤ 과세표준(③-④)	2,580	0
⑥ 한계법인세율	(10% 가정)	–
⑦ 산출세액	258	0
⑧ 기납부세액(②)	0	0
⑨ 납부할 세액(⑦-⑧)	258	0

11 CASE 비영리법인의 임대소득

사례연구 ::

문향복지법인의 임문향이사장은 이자소득만으로 복지법인을 운영해왔는데 최근 이자율의 하락으로 재원이 극도로 줄어들고 있다. 고민에 고민을 거듭하던 임이사장은 금융기관에 예치된 정기예금을 해약하여 건물을 구입하고자 한다. 그리고 그 건물에 입주하여 임대료도 절약하고 남는 공간은 임대를 주어 임대소득을 올릴 계획이다. 그런데 임이사장은 임대소득이 발생하면 고유번호등록증으로도 가능한지 아니면 사업자등록을 새로 해야 하는지에 대해 물어보고 있다.

조언방향 ::

비영리법인이 수익사업을 시작하게 되면 고유번호등록증은 반납하고 세무서에 사업자등록증을 신청하여 발급받아야 한다.

이론정리 및 심화학습

| 수익사업개시와 사업자등록 |

비영리법인이 수익사업을 개시하려면 우선 정관을 변경(주무관청의 승인에 의한) 한 후 『비영리법인의 수익사업 개시신고서(사업자등록증 발급용)』의 서식작성후 첨부서류와 함께 세무서에 신청하여 사업자등록증을 새로 받아야 한다.

[사업자등록 절차]

단 계	절차 내용
STEP 1	정관변경(주무관청 승인)
STEP 2	수익사업개시 신고서(사업자등록증 발급 신청서)작성
STEP 3	첨부서류(고유번호증, 수익사업에 관련한 재무상태표)준비
STEP 4	세무서에 접수
STEP 5	사업자등록증 수령

12 CASE 유형자산처분(1)고유목적사업 사용자산

사례연구::

사회복지법인인 적강복지법인을 운영중인 허유적(許流謫)이사장은 10년전 20억원에 매입한 서울건물을 매각하고 지방으로 이전을 계획중이다. 처분을 계획중인 서울건물의 시세는 많이 올라 현재 50억원이다. 비영리법인의 이자소득도 법인세법상 과세대상으로 보는 것에 놀란 허유적이사장은 혹시 고유목적사업에 사용중인 부동산의 양도에 대해서도 과세소득으로 보는지 불안해하면서 문의하고 있다.

조언방향::

원칙적으로 비영리법인의 유형자산 처분이익도 법인세 과세대상이다. 그러나 단서조항에 의해 비영리법인이 처분일 현재 3년이상 계속하여 고유목적사업에 직접 사용한 유형자산(토지, 건물등)의 처분으로 인한 이익은 법인세 과세소득에서 제외한다.

이론정리 및 심화학습

| 법인세법상 규정 |

법인세법에서는 비영리법인의 유형자산 처분에 의한 이익은 원칙상 과세대상범위에 포함한다. 그러나 예외규정에 해당하는 경우 과세대상에서 제외하여 법인세를 과세하지 않는다.

[비영리법인의 유형자산 처분시]

구 분		내 용
유형자산 양도	원 칙	• 법인세 과세대상
	예 외	• 처분일 현재 3년이상 계속하여 고유목적사업에 직접 사용한 자산 과세제외

NOTE

비영리법인의 유형자산 양도시 과세제외하는 예외조항에는 반드시 주의할 점이 많다. 계속해서 사례연구를 통해 자세히 살펴보자.

13 CASE 유형자산처분(2)처분일 현재

사례연구 : :

고유목적사업에 3년이상 사용한 부동산에 대해서는 법인세 과세 제외라는 조언에 허유적이사장은 지방에 이전할 건물을 우선 매입하기로 하였다. 그리고 고유목적사업에 사용중인 서울중심부에 있는 건물(미래 가격상승이 예상되는)은 임대로 활용하여 임대소득도 확보하고 가격이 더 오르면 양도하는 것으로 계획하고 있다. 어차피 서울건물은 10년전 매입했고 현재 3년이상 고유목적사업에 사용했기 때문에 비과세 대상이어서 상관없다는 생각이다.

조언방향 : :

안된다. 비영리법인의 유형자산 매매차익이 비과세 되려면 처분일 현재 고유목적사업에 사용하고 있어야 한다. 아무리 오랫동안 고유목적사업에 사용했다고 하더라도 처분일 현재 수익사업에 사용하고 있다면 비과세대상이 아니라는 점에 유의해야 한다. 만일 허유적이사장이 몇 년을 임대주면(수익사업에 해당) 미래의 양도시점(미래의 현재)에는 고유목적사업에 사용하고 있는 것이 아니기 때문에 법인세 비과세가 배제되어 과세대상이 된다.

따라서 허이사장은 고유목적사업에 사용중인 현재 처분해야만 비과세혜택을 받을 수 있다.

14 CASE 유형자산처분(3)전입한 자산

사례연구::

이러한 조언에 놀란 허이사장은 고유목적사업에 사용하고 있는 현재시점에서 건물을 양도하고자 한다. 그런데 허유적이사장은 서울 건물의 경우 보유는 10년 했지만 초기 6년간은 고유목적사업이 아닌 수익사업(부동산 임대)으로 사용한 후 고유목적사업에 전입하여 4년간 사용하였는데 혹시 문제가 되는 것은 아닌지 불안해하고 있다. 허유적이사장은 처분일 시점에서는 3년이상 직접 고유목적사업에 사용하였기 때문에 괜찮을 거라고 스스로 위로하고 있다.

조언방향::

괜찮지 않다. 처분일 현재 고유목적사업에 직접 사용하고 있고 그 사용기간이 3년이상이라고 하더라도 보유기간중에 수익사업에서 고유목적사업으로 전입한 자산에 대해서는 전입이후의 기간에 대해서만 비과세가 된다. 따라서 허유적이사장의 사회복지법인 보유 건물은 총10년의 보유기간중 4년간의 보유이익에 대해서만 비과세된다. 심화학습에서 자세히 살펴보자.

이론정리 및 심화학습

| 수익사업에서 고유목적사업 전입자산 |

비영리법인이 처분일 현재 3년이상 계속하여 고유목적사업에 직접 사용한 유형자산의 처분으로 생긴 수입은 비과세한다. 그런데 비영리법인이 수익사업에 속하는 자산을 고유목적사업에 전입한 후 처분하는 경우에는 전입이후의 보유기간이익만 비과세한다.

> 작은사례

허이사장은 이러한 조언에 망연자실해하며 그렇다면 비과세되는 보유기간이익은 어떻게 계산되는지에 대해 물어보고 있다.

비과세되는 유형자산의 처분이익은 처분가액 50억원에서 4년전 고유목적사업으로 전입할 때의 시가를 차감한 금액이 된다. 즉 4년전 건물의 시가가 40억원이었다면 10억원만이 비과세되는 것이다. 따라서 허유적이사장의 사회복지법인이 10년전 20억원에 구입한 건물을 이번에 50억원에 처분한 경우 총처분이익 30억원(=50억원-20억원)중 비과세되는 10억원을 제외한 20억원에 대해 법인세를 납부하여야 한다.

[처분이익의 과세여부]

구 분	취득가액	전입당시 시가	처분가액
가 액	20억원	40억원	50억원
과세여부	차익 20억원 과세		차익 10억원 비과세
총 처분이익	30억원		

NOTE 1

위의 규정은 2018년 2월 13일 이후에 수익사업에서 고유목적사업으로 전입된 자산에 대해서 적용한다. 따라서 개정된 법인세법 시행령 시행(2018.2.13)이전에 고유목적사업에 전입한 경우에는 처분이익 전액이 과세대상에서 제외됨에 유의하여야 한다.

NOTE 2

직접 사용한 자산을 판단할 때 해당 자산의 유지·관리등을 위한 관람료·입장료등 부수수익이 있는 경우에도 이를 고유목적사업에 직접 사용한 자산으로 본다.

15 CASE 유형자산처분(4) 당황한 양도소득세

사례연구 : :

앞의 사례 허유적이사장의 친구인 이종일씨는 적강교회의 목사이다. 적강교회의 신앙심이 깊은 신도 나신앙씨는 5년전 건물을 적강교회에 기부하였고 이종일목사는 이 건물을 교회의 교육관으로 사용하였다. 5년이 지난후 교회의 사정으로 이 교육관을 매각하였다. 이종일목사는 기부받은 교육관의 경우 3년이상 고유목적사업에 직접 사용했으므로 과세되지 않을 것이라고 확신하고 있다. 그런데 얼마후 세무서로부터 2억5,000만원의 양도소득세 과세예정 통보를 받았다. 이종일목사는 법인세도 아니고 소득세(양도소득세)라는 사실에 세무서에서 일처리를 잘못했을 것이라고 지레짐작하고 있다.

조언방향 : :

실제로 자주 있는 일이다. 유형자산을 처분일 현재 3년이상 계속해서 법령이나 정관에 규정된 고유목적사업에 직접 사용한 자산의 양도에 대해 법인세가 과세되지 않는 것은 교회가 법인인 경우(또는 법인으로 인정된 경우)에 한하여 과세되지 않는다. 위의 경우 적강교회가 세법상 법인으로 인정되지 않고 개인(거주자)으로 의제되어 양도차익에 대해 소득세(양도소득세)가 과세된 것이다.

이론정리 및 심화학습

| 고유목적사업에 사용한 자산 |

(1) 법인세법

비영리법인이 처분일 현재 3년이상 계속해서 법령이나 정관에 규정한 고유목적사업에 직접 사용한 자산(유형자산)의 처분으로 인한 이익은 법인세법상 과세소득에서 제외한다.

(2) 소득세법

소득세법에서는 고유목적사업에 3년이상 사용한 유형자산의 처분으로 인한 이익에 대한 과세제외조항이 없다. 따라서 양도소득세 과세대상이 된다.

[고유목적사업 사용자산의 과세여부]

구 분	대 상	과세여부
법인세법	고유목적사업에 3년이상 사용	법인세 비과세
소득세법		양도소득세 과세

위의 표에서 보듯 고유목적사업에 직접 3년이상 사용한 자산이 비과세되는 것은 법인에 한해서이다. 개별교회가 법인으로 승인이 되지 않은 경우 개별교회는 법인이 아닌 거주자(개인)로 보기 때문에 양도소득세 과세예정통지가 나온 것이다.

> 작은사례

이러한 조언에 이종일목사는 전혀 동의하고 있지 않다. '아니 교회라는 거대한 단체가 법인이 아닌 개인(거주자)이라는 것이 말이 되느냐'며 언성을 높이고 있다.

개별교회의 경우 법인격 없는 단체인데 이러한 단체는 앞에서 살펴본 것처럼 세법규정(국세기본법)에 의해 법인으로 신청·승인 받아야 하며 그렇지 않은 경우에는 거주자(개인)로 보아 소득세법의 적용을 받는다. 이종일목사의 적강교회는 세무서에서 거주자로 관리되고 있을 것이다.

16 CASE 유형자산처분(5) 89코드 VS 82코드

> **사례연구 : :**
>
> 이러한 조언에 이종일목사는 자신이 속한 적강교회가 세무서에 법인으로 되어 있는지 아니면 개인(거주자)로 되어 있는지 확인방법에 대해 물어보고 있다. 세무서에서 교부받은 고유번호등록증에 기재된 고유번호를 확인해 볼 것을 조언하자 고유번호가 뭔지도 모르는 이종일목사는 고유번호로 뭘 알 수 있다는 것인지 답답해하고 있다.
>
> **조언방향 : :**
>
> 적강교회가 현재 법인으로 등록되어 있는지 아니면 거주자로 등록되어 있는지를 알아보려면 세무서에서 발급한 고유번호등록증에 있는 고유번호를 확인하면 된다. 아래에서 자세히 살펴보자.

이론정리 및 심화학습

| 고유번호의 부여 |

신규로 사업을 개시하는 자(법인, 개인)는 사업개시일로부터 20일 이내에 관할세무서장에게 사업자등록신청서를 제출하고 세무서장은 사업자등록증과 사업자등록번호를 부여하는데 수익사업이 없는 비영리단체에 대해서는 사업자등록번호 대신 고유번호(고유번호등록증)를 부여하고 있다.

| 89코드와 82코드 |

세법(국세기본법)에 의해 법인으로 승인된 교회에 대해선 82코드가 부여된다. 그리고 거주자(개인)로 의제된 교회에 대해서는 89코드가 부여되고 있다.

[고유번호와 법인, 거주자]

구 분	고유번호
법인승인 고유번호	XXX-82-XXXX-X
거주자의제 고유번호	XXX-89-XXXX-X

| 적강교회의 경우 |

적강교회의 고유번호를 찾아보면 위의 표에서 언급한 거주자의제 고유번호인 89(XXX-89-XXXX-X)가 기재되어 있을 것이다.

17 CASE 유형자산처분(6) 82코드 발급

사례연구 : :

이종일목사가 급히 직원의 도움으로 적강교회의 고유번호를 찾아보니 역시 89코드였다. 크게 실망한 이목사는 앞으로도 많은 교회 부동산의 처분이 예상되기 때문에 '소 잃고 외양간 고치는 식'이더라도 빨리 교회를 법인으로 승인받으려고 한다. 이목사는 어떻게 하면 82코드를 받을 수 있는 것인지 허탈해하면서 조언을 구하고 있다.

조언방향 : :

개별교회의 경우 법인으로 인정받기 위해서는 법에서 규정한 요건을 갖추고 관할세무서장에게 신청하여 승인을 받아야 한다. 아래에서 살펴보자.

이론정리 및 심화학습

| 필요요건 |

법인격없는 단체인 교회등이 세법상 법인으로 인정받기 위한 신청·승인시 필요한 요건은 다음과 같다.

① 단체의 조직과 운영에 관한 규정을 가지고 대표자나 관리인을 선임하고 있을 것
② 단체 자신의 계산과 명의로 수익과 재산을 독립적으로 소유, 관리할 것
③ 단체의 수익을 구성원에게 분배하지 아니할 것

> 작은사례

이러한 요건규정을 자세히 살펴보던 이종일씨는 ①의 '조직과 운영에 관한 규정'이란 무엇을 말하는지 다시 묻고 있다. 교회정관을 의미하는 것 같은데 적강교회는 아직 교회정관이 없다.

교회의 경우 위의 조건중 가장 핵심적이고 필수적인 요건은 '교회 조직과 운영에 관한 규정'(교회 정관)이다. 교회정관이 없거나 미흡하다면 적강교회는 이번 기회에 교회정관을 작성하여 공동의회의 정식승인을 얻은 다음 제출하는 것이 필요하다.

NOTE 1

신청을 받은 관할세무서장은 그 승인여부를 신청일로부터 10일이내에 신청인에게 통지하여야 한다.

NOTE 2

국세청 싸이트(www.nts.go.kr)의 『사업자등록안내 → 제출서류 및 교부』에서 안내하고 있는 '법인으로 보는 단체의 승인신청' 내용은 다음과 같다.

[법인으로 보는 단체 승인신청]

1. 법인으로 보는 단체의 승인신청서
2. 법인으로 보는 단체의 대표자 등의 선임신고서
3. 대표자 또는 관리인 임을 확인할 수 있는 서류
4. 정관 또는 조직과 운영에 관한 사항
5. 단체직인
6. 임대차계약서 (장소를 임차한 경우)
7. 「상가건물 임대차보호법」적용을 받는 상가건물의 일부를 임차한 경우에는 해당부분의 도면

(요건 : 조직운영규정 대표자선임, 수익재산독립, 수익미분배)

이종일목사는 위의 서류를 준비한 후 이미 교부받았던 거주자의제 고유번호등록증(89코드)을 반납(법인의 변경으로 인한 폐업신고서)하고 새로운 법인의제 고유번호등록증(82코드)을 받으면 된다.

18 CASE 유형자산처분(7)주택등의 양도

사례연구 : :

적강교회 이종일목사의 신학교친구인 세륜교회의 나박덕목사는 이런 사실을 알고 이미 교회설립때부터 82코드를 받았다. 세륜교회는 오래전 교인으로부터 헌납받은 주택(당시가액 2억원)을 담임목사의 사택으로 5년간 사용하다가 이번에 매각(10억원)하였다. 양도와 관련한 차익이 8억원에 달하지만 세륜교회의 나박덕목사는 자신의 교회는 82코드이고 고유목적사업에 3년이상 직접 사용하였기 때문에 당연히 법인세는 없다고 자신하고 신고하지 않았다. 그런데 얼마 후 세무서에서 세륜교회에 토지등 양도소득에 대한 법인세를 납부하라는 통보를 받고 당황하고 있다.

조언방향 : :

비영리법인이 부동산등 유형자산을 고유목적사업에 3년이상 직접 사용하면 법인세가 과세되지 않는 것은 맞다. 하지만 비영리법인이라고 하더라도 양도한 유형자산이 주택과 비사업용토지인 경우에는 토지등 양도소득에 대한 법인세는 납부하여야 한다. 아래에서 자세히 살펴보자.

이론정리 및 심화학습

| 토지등 양도소득에 대한 법인세 |

법인세법상 법인이 주택과 비사업용토지등의 부동산을 양도하는 경우 일반법인세외에 토지등의 양도소득에 대한 법인세를 추가로 납부해야 한다. 이는 영리법인뿐만 아니라 비영리법인의 경우에도 해당한다.

[법인의 부동산양도와 납세의무]

구 분	납세의무
법인의 부동산 양도	• 일반 법인세
	• 토지등 양도소득에 대한 법인세(주)

(주) 주택과 비사업용토지등의 양도시 적용

작은사례 1

이러한 설명에 나박덕목사는 주택등을 양도하면 법인세외에도 또 법인세(토지등 양도소득에 대한 법인세)를 추가로 납부하는 이중과세가 말이 되냐며 황당해하고 있다.

그렇다. 법인세법에서는 법인의 비사업용토지나 주택등의 소유를 억제하기 위해 추가적인 법인세 납부의무를 지우고 있다.

[토지등 양도소득에 대한 법인세 대상과 세율]

과세대상 부동산	토지등 양도소득에 대한 법인세율
주택 및 별장	10%(미등기 40%)
비사업용 토지	

작은사례 2

이러한 조언에 나박덕목사는 그렇다면 세륜교회에서 5년동안이나 고유목적에 직접 사용했어도 양도차익 8억원에 대해 일반법인세는 과세되지 않지만 토지등의 양도소득에 대한 법인세로 무려 8,000만원을 납부해야 한다는 것인지 확인하고 있다.

그렇다. 양도금액에서 취득가액을 차감한 양도차익에 세율(10%, 40%)을 곱한 산출세액을 토지등의 양도소득에 대한 법인세로 추가납부 해야 한다.

19 CASE 유형자산처분(8)특례법인세 제도

사 례 연 구 ::

단순복지법인은 기부금만으로 운영되고 있으며 다른 수익사업은 없다. 그런데 얼마전 사용하던 자산(부동산)을 매각했는데 고유목적사업에 계속하여 3년이상 직접 사용한 것에 해당되지 않아 매매차익에 대해 법인세를 내야할 상황이다. 단 한건의 유형자산 양도만 있을 뿐인데 법인세를 신고해야 하니 담당자인 이순진씨는 엄두가 나지 않는다. 세무조정이 뭔지도 전혀 모르는 이순진씨는 좀 단순하게 신고하는 방법은 없는지 문의하고 있다.

조 언 방 향 ::

단순복지법인처럼 부동산 매매차익만 있는 경우 비영리법인이 영리법인과 동일하게 법인세 신고절차를 이행하는 것은 쉽지 않다. 그래서 법인세법에서는 이런 경우 비영리법인의 자산양도소득에 대한 신고특례가 있다.

이론정리 및 심화학습

| 자산양도소득에 대한 신고특례(특례법인세 제도) |

사업소득(제조업, 임대업등)에 해당하는 수익사업을 하지 않는 비영리법인이 자산등(토지, 건물, 부동산에 관한 권리, 특정주식등)의 양도로 인한 소득이 있는 경우 법인세 과세표준을 신고하지 않고 소득세법상 양도소득세 규정을 준용하여 계산한 양도소득산출세액(=양도소득과세표준×양도소득세율)을 법인세로 납부할 수 있다. 이를 특례법인세제도라고 한다.

[특례법인세제도]

대 상	내 용		
사업소득(수익사업)이 없는 비영리법인	부동산등의 양도시	다음 ①, ② 중 선택가능	① 일반 법인세 납부 ② 양도소득세 계산금액을 법인세로 납부가능(특례법인세제도)

작은사례 1

이러한 조언에 이순진씨는 특례법인세제도를 이용하려고 하고 있다. 이순진씨는 특례법인세는 언제까지 납부하면 되는지 계속 물어보고 있다.

법인세의 경우 납부기한은 과세연도종료일로부터 3월이내이다. 그러나 자산양도에 의한 특례법인세를 납부하는 경우에는 소득세 규정에 의한 양도소득 예정신고기한(양도일이 속하는 달의 말일부터 2월이내)내에 예정신고하고 세액도 납부해야 한다. 예정신고를 한 경우 특례법인세신고를 한 것으로 본다.

[특례법인세 신고기한]

구 분	과세표준 신고기한
일반법인세	과세연도 종료일로부터 3월이내
특례법인세	자산 양도일이 속하는 달의 말일부터 2월이내 예정신고

작은사례 2

이러한 특례법인세에 대한 설명에 이순진씨는 비영리법인이 주택이나 비사업용부동산을 양도하는 경우에도 특례법인세에 의해 납부의무가 종결되는지 문의하고 있다.

아니다. 비영리법인이 주택이나 비사업용부동산등을 양도하면 일반법인세외에 10%(미등기 40%)의 토지등 양도소득에 대한 법인세가 추가로 과세된다. 특례법인세는 일반법인세를 대신한 것으로 특례법인세를 납부한 경우에도 토지등 양도소득에 대한 법인세(10%, 미등기 40%)의 납세의무는 있다.

20 CASE 수익사업의 구분

사 례 연 구 : :

적강장학재단은 이번에 처음으로 정기 간행물을 간행하려고 하고 있다. 주로 재단이 하는 일과 후원받은 학생들의 진로현황 그리고 후원자의 근황등을 게재하여 기부활성화에 활용하려는 의도에서다. 우선 회원을 대상으로 배포하고 나중에 활성화되면 후원자들이 경영하는 회사의 광고등도 게재할 생각이다. 이강적씨는 재단의 간행물 관련 일들을 재단의 수익으로 보아 법인세를 과세하는 것은 아닌지 문의하고 있다.

조 언 방 향 : :

비영리법인은 원칙적으로 수익사업이 아닌 고유목적사업을 위해 설립된 조직이다. 그런데 비영리법인을 운영하다보면 필연적으로 생겨나는 파생적인 일들이 고유목적사업인지 수익사업인지 구분이 불분명한 경우가 많다. 따라서 법인세법에서 수익사업으로 규정한 조항에 대한 깊은 이해가 있어야 한다.

이론정리 및 심화학습

| 수익사업의 구분 |

법인세법상 과세대상 수익사업은 실무적으로 구분하기 쉽지 않은 것도 많

다. 따라서 발생하는 사업형태가 법인세법상 수익사업에 속하는 것인지 아닌지 판단하기 어려울 때는 과세관청의 구체적인 해석을 구하는 것이 필요하다.

| 법인세법 집행기준 |

법인세법 집행기준(3-2-2)에서 예시하고 있는 수익사업과 비수익사업은 다음과 같다.

1. 수익사업에 속하는 것[예시]
   ① 학교법인의 임야에서 발생한 수입과 임업수입
   ② 학교부설연구소의 원가계산등의 용역수입
   ③ 학교에서 전문의를 고용하여 운영하는 의료수입
   ④ 주무관청에 등록된 종교단체등의 임대수입(부가가치세법상 면세되는 경우 제외)
   ⑤ 전답을 대여 또는 이용하게 함으로 생긴 소득
   ⑥ 정기간행물 발간사업
   정기간행물 발간사업에는 특별히 정해진 법률상의 자격을 가진자를 회원으로 하는 법인이 그 대부분을 소속회원에게 배포하기 위해 주로 회원의 소식, 기타 이에 준하는 내용을 기사로 하는 회보 또는 회원명부 발간사업과 학술, 종교의 보급, 자선, 기타 공익을 목적으로 하는 법인이 그 고유목적을 달성하기 위해 회보등을 발간하고 이를 회원 또는 불특정 다수에게 무상으로 배포하는 것으로 통상 상품으로 판매되지 않는 것은 제외한다.
   ⑦ 광고수입
   ⑧ 회원에게 실비제공하는 구내식당 운영수입
   ⑨ 급수시설에 의한 용역대가로 받는 수입
   ⑩ 운동경기의 중계료, 입장료

⑪ 회원에게 대부한 융자금의 이자수입
⑫ 유가증권대여로 인한 수수료수입
⑬ 조합공판장 판매수수료수입
⑭ 교육훈련에 따른 수수료수입
⑮ 평생교육법에 의한 학교부설 평생교육기관인 전산정보교육원등의 운영수입

2. 비수익사업에 속하는 것[예시]
① 징발보상금
② 일시적인 저작원의 사용료로 받은 인세수입
③ 회원으로부터 받는 회비 또는 추천수수료(간행물등의 대가가 포함된 경우에는 그 대가 상당액 제외)
④ 외국원조수입 또는 구호기금수입
⑤ 업무와 직접 관계없는 타인으로부터 무상으로 받는 자산의 가액
⑥ 소액신용대출사업을 영위하는 비영리법인이 소액신용대출사업에 사용할 자금을 금융기관에 일시적을 예치함에 따라 발생한 이자수입
⑦ 비영리법인인 아파트 입주자대표회의가 1차량을 초과하여 주차하는 세대에 아파트 관리비외 주차장 유지·보수등 관리목적으로 별도로 징수하는 주차료

NOTE

또한 법인세법 [집행기준 3-2-3]의 간행물등의 대가를 회비명목으로 징수하는 경우 수입금액계산은 다음과 같다.

비영리법인이 간행물등을 발간하여 직접적인 대가를 받지 않고 **회비등의 명목으로 그 대가를 징수하는 경우** 수입금액계산은 다음과 같다.
① 회원으로부터 그 대가를 받지 않고 별도의 회비를 징수하는 경우에는 그 회비중 해당 간행물등의 대가 상당액을 수입금액으로 한다.
② 회원외의 자로부터 그 대가를 받지 않고 회비등의 명목으로 금전을 수수하는 경우에는 그 수수하는 금액을 수입금액으로 한다.

이때 **회비등의 명목으로 그 대가를 징수하는 경우**란 회원에게 배포한 간행물등이 독립된 상품적 가치가 있다고 인정되는 것으로서 그 대가 상당액을 별도의 회비명목으로 징수하는 경우와 건전한 사회통념상 소속회원에게 봉사하는 정도를 넘는 회비를 징수하고 간행물등을 배포하는 경우를 말한다.

21 CASE 구분경리

> **사례연구 ::**
>
> 문향문화재단은 정기예금 20억원이 만기가 되자 건물을 매입하여 임대소득을 올리고자 한다. 그동안 수익사업이 전혀 없던 재단에서는 새로운 수익사업에 대해 장부계상을 어떻게 해야 하는 지 도저히 감이 없다. 직감적으로 수익사업과 비수익사업(고유목적사업)은 구분해서 처리해야 한다고 생각하고 있는 재단의 관리이사 김찬순씨는 어떻게 구분경리를 시작해야 하는지 문의하고 있다.
>
> **조언방향 ::**
>
> 그렇다. 문향문화재단은 수익사업과 비수익사업을 구분하여 경리해야만 법인세신고등에 있어 불이익을 받지 않을 수 있다. 그 내용을 정리해보자.

이론정리 및 심화학습

| 비영리법인의 기장의무와 구분경리 |

비영리법인이 수익사업중 재조업, 부동산업등의 사업을 영위하는 경우에는 복식부기에 의한 장부기장을 해야 한다. 그리고 장부기장을 할 때 수익사업과 고유목적사업을 구분하여 경리해야 한다.

| 문향문화재단의 구분경리 |

비수익사업(목적사업)의 정기예금 20억원으로 건물을 구입하여 수익사업에 출자한 경우 구분경리에 의한 분개는 다음과 같다.

[목적사업부문]

   (차) 건물　　　　　　　　20억원　(대) 현금과 예금　　　　20억원
       수익사업 출자금　　　20억원　　　　건 물　　　　　　20억원

(분개해설)

고유목적사업부문에서 건물을 20억원에 구입하여 수익사업부문에 출자한 것을 알 수 있다.

[수익사업부문]

   (차) 건물　　　　　　　　20억원　(대) 출연금　　　　　　20억원

(분개해설)

고유목적사업에서 출자한 건물 20억원을 수익사업부문에서 출연받아 건물과 출연금으로 인식하는 분개이다.

> 작은사례

만일 문향문화재단에서 고유목적사업에서 사용하던 건물(취득원가 12억원)을 수익사업을 위해 출자한 경우(현재시가 20억원)인 경우 회계처리는 어떻게 달라질까?

목적사업에 사용하던 건물의 수익사업 전입시 회계처리는 다음과 같다.

[목적사업부문]

   (차) 수익사업 출자금　　20억원　(대) 건물　　　　　　　12억원
　　　　　　　　　　　　　　　　　　　　자산평가이익　　　　8억원

(분개해설)

취득원가 12억원의 건물을 수익사업에 출자할 때 출자자산평가는 시가에 의한다. 따라서 수익사업출자금은 20억원이 되고 건물에 대한 자산평가이익 8억원을 인식하게 된다.

[수익사업부문]

   (차) 건물　　　　　　　20억원　(대) 출연금　　　　　　　20억원

(분개해설)

고유목적사업에서 출자한 건물 20억원(시가)을 수익사업부문에서 출연받아 건물과 출연금으로 인식하는 분개이다.

22 CASE 공통자산·부채와 공통익금·손금

사례연구 : :
수익사업을 목적사업과 구분하여 경리해야 한다는 조언에 김찬순 이사는 비영리법인의 실정을 잘 모르는 것 아니냐며 냉소적이다. 비영리법인의 경우 자산을 수익사업과 목적사업에 공통으로 사용하는 경우도 많은데 이런 경우 어디에 계상하는 것이 맞는지 얘기해보라고 퉁명스럽게 질문하고 있다. 김이사는 내심 사용비율에 따라 안분계산하는 것이 논리적인데 그것이 말처럼 쉽겠냐는 생각이다.

조언방향 : :
걱정할 것 없다. 세법은 그렇게 논리적이지 않다. 공익법인회계기준에서는 수익사업과 고유목적사업에 공통으로 사용되는 자산·부채는 사용비율등의 실질에 따라 합리적으로 배분해야 한다. 하지만 법인세법은 단순하다. 즉 수익사업과 목적사업에 공통으로 사용되는 자산은 수익사업에 속하는 것으로 규정하고 있다.

이론정리 및 심화학습

| 공통자산·부채 |

공통으로 사용되는 자산과 부채에 대한 구분경리규정은 다음과 같이 법인세법과 공익법인회계기준이 서로 다르니 주의해야 한다.

[공통자산·부채의 안분계산]

구 분	공통자산·부채 안분기준
법인세법	수익사업에 속하는 것으로 봄
공익법인회계기준	합리적 기준에 의해 배분

NOTE 합리적 기준

공익법인회계기준의 배부기준인 합리적 기준이란 공통자산·부채의 각 사업부문별 투여시간비율, 사용빈도, 사용면적비율등에 의한 배분을 말한다. 이때 적용한 안분기준은 계속적으로 적용해야 한다.

작은사례

이러한 공통자산·부채의 안분기준에 대한 조언에 김찬순이사는 법인세법은 단순명료하지만 비합리적이고 공익법인회계기준은 논리적이지만 비현실적이라는 생각이다. 김찬순이사는 공통자산·부채외에 수익사업과 목적사업에서 공통으로 발생하는 공통수익(익금)과 비용(손금)은 법인세법에서 어떤 기준으로 안분계산 하는지 다시 물어보고 있다.

실무적으로 비영리법인의 공통익금이 발생하는 경우는 거의 없고 공통손금은 많이 발생한다. 공통손금은 수익사업과 기타(목적)사업의 개별손금에 비례하여 안분계산하되 수익사업과 목적사업이 동일한 업종인 경우(실무적으로 많지 않다) 사업별 수익금액에 비례하여 안분한다.

[법인세법상 공통익금·손금 배분]

구 분	안분기준
공통익금(수익)	발생가능성 거의 없음[주1]
공통손금(비용)	각 사업부문별 개별손금[주2]에 비례

(주1) 공통익금이 발생한 경우에는 사업별 수입금액에 비례
(주2) 수익사업과 기타(목적)사업이 동일한 업종일 경우는 사업별 수입금액에 비례

23 CASE 비영리법인과 기장의무

사례연구 : :

법인격 없는 단체인 『비영리 재정투명성 학회』는 회원들의 회비와 기부금으로만 운영하고 있다. 이 학회의 회장인 나학구씨는 학회의 규모가 커짐에 따라 법인격은 없지만 신청·승인에 의해 법인으로 의제된 고유번호등록증을 세무서에서 발급받았다. 나학구씨는 오직 고유목적사업만 하는 비영리법인의 경우에도 법인세법상 장부기장을 해야 하는지 문의하고 있다.

조언방향 : :

비영리법인이 수익사업을 하지 않는 경우 법인세법상 장부를 기장해야 할 의무도 장부를 비치해야 할 의무도 없다.

이론정리 및 심화학습

| 장부의 비치·기장 |

법인세법에서는 납세의무가 있는 법인은 원칙상 복식부기에 의한 장부를 기장해야 한다고 규정하고 있다. 또한 장부와 관계있는 중요한 증빙서류등도 비치·보존하여야 한다. 비영리법인의 경우 수익사업이 없으면 법인세 납세의무가 없으므로 당연히 장부의 기장의무가 없다.

작은사례 1

나학구회장은 법인세법에서 수익사업이 없는 경우 비영리법인에 기장의무가 없는 것은 당연하다고 생각하고 있다. 그런데 비영리법인이 목적사업외에 이자소득만 있는 경우에도 기장의무가 있는 것인지 날카롭게 질문하고 있다. 1년에 한번 소액의 이자소득을 수령하는데 무슨 복식부기가 필요하냐는 것이다.

비영리법인의 경우 수익사업이 있다고 해서 모두 기장의무가 있는 것은 아니다. 수익사업에 해당하는 소득중 제조업등의 사업소득이 있는 경우와 채권등의 매매이익이 있는 경우에만 기장의무를 부여하고 있다.

[비영리법인의 기장의무]

구 분		내 용
기장의무	없 음	– 수익사업 없는 비영리법인 – 다음의 수익사업만 있는 비영리법인 • 이자소득 • 배당소득 • 주식등의 처분수입 • 고정자산 처분수입 • 부동산에 관한 권리 및 기타자산의 양도로 생기는 수입
	있 음	– 다음의 수익사업이 있는 비영리법인 • 제조업·건설업등의 사업소득 • 채권등의 매매이익에서 발생하는 수입

NOTE 1 무기장 가산세

기장의무가 있는 비영리법인이 기장의무를 이행하지 않은 경우에도 무기장 가산세는 없다.

NOTE 2 증빙불비 가산세

비영리법인이 수익사업관련 지출관련 증빙서류를 수취·보관하지 않으면 증빙불비가산세가 적용된다.

작은사례 2

이러한 조언에 학구적인 나학구회장은 그러면 학교법인, 의료법인, 사회복지법인등이 수익사업이 없으면 기장의무가 없는데 학교법인등이 회계장부를 비치·보관하고 있는 것은 뭐냐며 따지듯 질문하고 있다.

위에서 언급한 기장의무는 법인세법상의 규정을 말하는 것이다. 학교법인등의 비영리법인의 회계처리는 법인세법이 아닌 각 특별법에서 규정한 회계처리규정에 따라 회계장부를 기장하는 것이다. 예를 들어 학교법인은 사학기관 재무·회계규칙, 의료법인은 의료기관회계기준 규칙에 의해 회계처리하고 장부를 비치·보관하는 것이다.

NOTE 3 공익법인회계기준

비영리공익법인(학교법인과 의료법인 제외)중 외부감사대상 공익법인과 국세청에 결산자료를 공시해야 하는 공익법인은 공익법인회계기준에 의해 회계처리를 해야 한다. 공익법인회계기준을 적용해야하는 공익법인에 대해서는 **3장 사례연구 10번(공익법인회계기준 적용범위)**에서 자세히 다루고 있다.

비영리법인과 법인세

1. 법인세법상 비영리법인

법인세법상 비영리법인은 다음과 같이 크게 3가지로 구분할 수 있다.

[법인세법상 비영리법인]

구 분	종 류
법인세법상 비영리법인	민법(32조)에 의해 설립된 법인
	특별법(사립학교법등)에 의해 설립된 법인
	국세기본법에서 법인으로 보는 단체

2. 법인격 없는 단체와 비영리법인

법인격 없는 단체중 국세기본법에 의해 법인으로 인정되는 경우에는 비영리법인으로 보아 법인세법을 적용한다.

[법인격 없는 사단·재단·기타단체와 적용세법]

구 분		적용 세법
법인격 없는 사단,재단,기타단체	원 칙	거주자로 보아 소득세법 적용
	예 외	국세기본법상 법인으로 보는 경우 비영리법인으로 보아 법인세법 적용

3. 사단과 재단

사단(社團)은 특정목적을 위해 모인 사람들의 집합체인 반면 재단(財團)은 특정목적을 위한 재산의 결합집단을 말한다. 사단이 인적단체인데 비해 재단은 물적단체이다. 사단과 재단이 법인설립등기를 한 경우에는 사단법인, 재단법인이나 법인설립등기를 하지 않은 경우에는 법인격 없는 단체(사단, 재단)일 뿐이다.

[사단과 재단]

구 분	내 용		
사 단	특정 목적을 위한	사람들의 집합체	인적단체
재 단		재산의 결합집단	물적단체

4. 국세기본법에 의한 비영리법인

법인격 없는 단체(사단, 재단, 기타단체)는 국세기본법에 의해 당연 비영리법인으로 보는 것과 신청·승인에 의해 비영리법인으로 보는 것이 있다. 이에 해당하지 아니한 단체는 거주자로 보아 소득세법을 적용한다.

[국세기본법에 의한 비영리법인]

구 분		내 용
국세기본법에 의한 비영리법인	당연	주무관청의 허가를 받아 등록한 사단,재단,단체로 법인설립등기하지 않은 단체
	신청 승인	이익분배하지 않고 정관등의 요건을 갖추고 신청에 의해 법인의제 승인받은 단체

5. 비영리법인과 고유번호

법인은 법인세법에 의해 원칙적으로 세무서에 사업자등록을 하여 사업자등록번호를 받아야 한다. 그러나 수익사업이 없는 비영리법인은 사업자등록증 대신 고유번호등록증 신청하여 고유번호를 받아야 한다.

[사업자등록증과 고유번호등록증]

구 분		세무서 발급등록증
영리법인		사업자등록증
비영리법인	수익사업 있는 경우	
	수익사업 없는 경우	고유번호등록증

6. 동창회, 아파트부녀회와 고유번호

동창회, 아파트부녀회등도 고유번호등록증을 발급받을 수 있다.

7. 법인세법상 과세대상 수익사업

법인세법에서 규정하고 있는 비영리법인의 수익사업 범위는 다음과 같다.

① 제조업·건설업등 각 사업에서 발생하는 수입
② 이자소득
③ 배당소득
④ 주식등의 처분수입

⑤ 고정자산 처분수입
⑥ 부동산에 관한 권리 및 기타자산의 양도로 생기는 수입
⑦ 채권등의 매매이익

8. 법인세율

현행 법인세율은 다음과 같다.

[법인세율]

과세표준	법인세율
2억원이하	10%
2억원초과 200억원이하	2,000만원+2억원초과금액의 20%
200억원초과 3,000억원이하	39억8,000만원+200억원초과금액의 22%
3,000억원초과	655억8,000만원+3,000억원초과금액의 25%

9. 금융소득

금융소득은 이자소득과 배당소득을 말하며 비영리법인의 금융소득은 원칙적으로 법인세 과세대상소득이다.

[금융소득]

구 분	내 용
금융소득	이자소득
	배당소득

10. 개인 이자소득에 대한 과세

개인의 경우 이자소득을 포함한 금융소득이 연간 2,000만원 이하이면 15.4%(=소득세 14%+지방소득세 1.4%)의 원천징수에 의해 납세의무를 종결하고 연간 2,000만원 초과시에는 다른 종합소득과 합산하여 종합과세한다.

[거주자 금융소득 과세]

구 분			과세형태
개인 (거주자)	금융소득	2,000만원 이하	원천징수 15.4%에 의해 납세의무 종결(분리과세)
		2,000만원 초과	다른 종합소득(사업,근로,연금,기타)과 합산하여 종합과세

11. 법인 이자소득에 대한 과세

법인의 이자소득에 대해서는 개인과 동일하게 지급시 15.4%(=법인세 14%+지방소득세1.4%)를 원천징수한다. 그러나 개인과 달리 법인의 이자소득에 대해서는 분리과세 없이 다른 법인소득과 합산하여 법인세를 과세한다. 원천징수당한 금액은 법인세 산출세액에서 기납부세액으로 공제된다.

12. 비영리법인의 이자소득과 고유목적사업준비금

비영리법인은 수익사업소득에 대해 고유목적사업준비금을 설정하면 손금으로 인정된다. 이자소득은 100% 고유목적사업준비금의 설정이 가능하기 때문에 실질적으로 부담해야 하는 법인세는 없다.

[이자소득과 고유목적사업준비금]

구 분	고유목적사업준비금	법인세
비영리법인 이자소득	설정시	실질적 과세제외(환급에 의해)
	설정하지 않은 경우	법인세 과세됨

13. 비영리법인의 이자소득에 대한 선택적 분리과세(신고특례)

비영리법인은 신고특례라 하여 원천징수된 이자소득에 대해 법인세 과세표준신고를 하지 않을 수 있다. 신고특례를 선택한 비영리법인은 이자소득에 대한 원천징수에 의해 납세의무가 종결된다.

[이자소득에 대한 선택가능]

구 분	내 용	
비영리법인의 이자소득	원천징수에 의해 납세의무 종결 (신고특례)	선택가능
	준비금 설정 후 법인세신고에 의한 원천징수금액 환급	

14. 배당소득에 대한 원천징수

법인에게 이자소득을 지급할 때는 법인세를 원천징수하지만 배당소득을 지급할 때는 원천징수 하지 않고 전액 지급한다.

[법인 금융소득과 원천징수]

구 분	원천징수 의무
법인 이자소득	있 음
법인 배당소득	없 음

15. 비영리법인의 배당소득과 고유목적사업준비금

비영리법인은 배당소득에 대해서도 고유목적사업준비금을 설정하면 그 금액을 손금으로 산입한다. 배당소득도 이자소득과 동일하게 100% 고유목적사업준비금의 설정이 가능하기 때문에 실질적으로 부담해야 하는 법인세는 없다.

16. 비영리법인의 수익사업개시와 사업자등록

비영리법인이 수익사업을 개시하면 정관의 변경을 한 후 수익사업 개시 신고서(사업자등록증 발급용)를 세무서에 신고하여 사업자등록증을 새로 받아야 한다.

[사업자등록 절차]

단 계	절차 내용
STEP 1	정관변경(주무관청 승인)
STEP 2	수익사업개시 신고서(사업자등록증 발급 신청서)작성
STEP 3	첨부서류(고유번호증, 수익사업에 관련한 재무상태표)준비
STEP 4	세무서에 접수
STEP 5	사업자등록증 수령

17. 비영리법인의 유형자산처분

비영리법인의 유형자산 처분이익은 원칙상 법인세 과세대상소득에 포함한다. 그러나 처분일 현재 3년이상 계속하여 고유목적사업에 직접 사용한 유형자산에 해당하면 과세대상에서 제외한다.

[비영리법인의 유형자산 양도시]

구 분		내 용
유형자산 양도	원 칙	• 법인세 과세대상
	예 외	• 처분일 현재 3년이상 계속하여 고유목적사업에 직접 사용한 자산 과세제외

18. 토지등 양도소득에 대한 법인세

비영리법인도 주택과 비사업용토지등의 부동산을 양도하는 경우 일반법인세외에 토지등의 양도소득에 대한 법인세를 추가로 납부해야 한다.

[법인의 부동산양도와 납세의무]

구 분	납세의무
법인의 부동산 양도	• 일반 법인세
	• 토지등 양도소득에 대한 법인세(주)

(주) 주택과 비사업용토지등의 양도시 적용

[토지등 양도소득에 대한 법인세 대상과 세율]

과세대상 부동산	토지등 양도소득에 대한 법인세율
주택 및 별장	10%(미등기 40%)
비사업용 토지	

19. 자산양도소득에 대한 신고특례(특례법인세 제도)

사업소득(제조업, 임대업등)에 해당하는 수익사업을 하지 않는 비영리법인이 자산등(토지, 건물, 부동산에 관한 권리, 특정주식등)의 양도로 인한 소득이 있는 경우 법인세 과세표준을 신고하지 않고 소득세법상 양도소득세 규정을 준용하여 계산한 양도소득산출세액(=양도소득과세표준×양도소득세율)을 법인세로 납부할 수 있다.

[특례법인세]

대 상	내 용		
사업소득(수익사업)이 없는 비영리법인	부동산등의 양도시	다음 ①, ② 중 선택가능	① 일반 법인세 납부
			② 양도소득세 계산금액 법인세로 납부가능 (특례법인세)

20. 비영리법인의 기장의무와 구분경리

비영리법인이 수익사업중 제조업, 부동산업등의 사업을 영위하는 경우에는 복식부기에 의한 장부기장을 해야 한다. 그리고 장부기장을 할 때 수익사업과 고유목적사업을 구분하여 경리해야 한다.

[비영리법인의 기장의무]

구 분		내 용
기장의무	없음	− 수익사업 없는 비영리법인 − 다음의 수익사업만 있는 비영리법인 　• 이자소득 　• 배당소득 　• 주식등의 처분수입 　• 고정자산 처분수입 　• 부동산에 관한 권리 및 기타자산의 양도로 생기는 수입
	있음	− 다음의 수익사업이 있는 비영리법인 　• 제조업·건설업등의 사업소득 　• 채권등의 매매이익에서 발생하는 수입

21. 공통자산·부채와 공통익금·손금

(1) 공통자산·부채

법인세법에서는 수익사업과 기타(목적)사업에 공통으로 사용하는 자산과 부채는 수익사업에 속하는 것으로 본다.

[공통자산·부채의 안분계산]

구 분	법인세법
공통자산·부채	수익사업에 속하는 것으로 봄

(2) 공통익금·손금

공통익금은 수입금액(또는 매출액)에 비례하여 안분계산한다. 공통손금은 수익사업과 기타(목적)사업이 동일한 경우에는 수입금액(또는 매출액)에 비례하여 안분계산하고 동일한 업종이 아닌 경우에는 각 사업부문별 손금에 비례하여 안분한다.

[법인세법상 공통수익·비용 배분]

구 분		안분기준
공통익금		사업부문별 수입금액에 비례해서 안분
공통손금	수익사업과 기타(목적)사업이 동일한 경우	
	수익사업과 기타(목적)사업이 다른 경우	사업부문별 개별손금에 비례

02

비영리법인과 기부금

1 CASE 기부금의 종류

사례연구::

(주)연우전자를 운영하고 있는 고석훈씨는 창업후 적자에 시달려 왔으나 부단한 노력에 힘입어 최근 흑자를 내고 있다. 다소 여유가 생긴 고석훈씨는 기부도 생각하고 있다. 고석훈씨는 (주)연우전자에서 3억원을 비영리법인에 기부하면 법인세 계산시 어떤 혜택이 있는지 궁금해 하고 있다. 고석훈씨는 비영리법인에 대한 기부는 사회적으로 좋은 일을 하는 것이니까 전액 손금처리해 줄 것으로 내심 기대하고 있다.

조언방향::

세법상 기부금단체(법정기부금, 지정기부금)에 기부하는 경우는 일정한도내의 금액만을 손금으로 보고 한도초과하는 기부금은 손금불산입 한다. 그리고 기부하려는 비영리법인이 세법상 기부금단체(법정기부금, 지정기부금)가 아니면 아예 전액 손금불산입 한다. 아래에서 자세히 살펴보자.

이론정리 및 심화학습

| 기부금의 정의 |

법인세법상 기부금이란 내국법인이 사업과 직접적인 관련없이 무상으로 지출하는 금액을 말한다.

| 접대비와 기부금 |

(1) 접대비

접대비는 사업과 관련하여, 즉 매출증대를 위해 지출한 금액이다. 따라서 일정한도내의 접대비는 법인세 계산시 손금으로 인정한다.

(2) 기부금

반면 기부금은 업무와 무관하게 지출된 금액이다. 이론적으로 보면 기부금은 사업과 관련없이 지출한 금액이기 때문에 비용(손금)으로 인정할 수 없다. 그러나 기부금은 대부분 공익목적의 비영리법인에게 기부하는 것이기 때문에 소득금액의 일정한 범위내에서 손금으로 인정하고 있다.

[기부금과 접대비]

구 분		손금산입여부
기부금	업무관련 없는 지출	한도내 손금산입
접대비	업무관련 있는 지출	

| 비지정기부금 |

법인이 지출한 기부금이 법인세법에서 규정하고 있는 기부금(법정기부금, 지정기부금)에 해당하지 않으면 비지정기부금으로 보아 전액 손금불산입한다.

[기부금의 손금산입 여부]

기부금 종류	손금산입 여부
법정기부금	한도내 손금산입
지정기부금	
비지정기부금	전액 손금불산입

그리고 일반적으로 법정기부금의 경우 지정기부금보다 손금한도가 많다.

2 CASE 법정기부금 (1)대상/한도

> **사 례 연 구 ::**
> 법정기부금의 경우 지정기부금에 비해 손금산입 한도가 많다는 조언에 고석훈씨는 법정기부금은 어떤 것이 있으며 손금한도액은 어떻게 되는지 문의하고 있다.
>
> **조 언 방 향 ::**
> 법정기부금은 국가나 지방자치단체에 무상으로 기부하는 금품이나 국방헌금등을 말하며 손금한도는 소득금액의 50%까지 인정된다.

이론정리 및 심화학습

| 법정기부금 |

법인세법에서 규정하고 있는 법정기부금을 요약하면 다음과 같다.

① 국가나 지방자치단체에 무상으로 기증하는 금품
② 국방헌금과 국군장병 위문금품
③ 천재지변으로 인한 이재민 구호금품
④ 사립학교등에 시설비, 교육비, 장학금 또는 연구비로 지출하는 기부금
⑤ 국립대학병원등에 시설비, 교육비 또는 연구비로 지출하는 기부금
⑥ 사회복지활동의 재원 모집·배분을 주된 목적으로 하는 비영리법인(전문모금기관)등에 지출하는 기부금

| 법정기부금 손금산입 한도 |

법정기부금의 손금산입한도액은 다음과 같다.

[법정기부금 한도]

구 분	손금산입한도액
법정기부금	(법인 소득금액 – 이월결손금)×50%

작은사례

(주)연우전자는 법정기부금 대상 비영리공익법인에 3억원을 기부하고 있다. 그런데 (주)연우전자의 올해 법인소득금액은 4억원이고 이월결손금은 없다. 따라서 (주)연우전자의 올해 법정기부금 한도액은 2억원(=4억원×50%)이어서 1억원의 한도초과액(=2억원-3억원=△1억원)이 발생하게 되었다. 한도초과액은 어떻게 되는 걸까?

법정기부금 한도초과액 1억원은 당해연도 (주)연우전자 법인세 계산시 손금산입되지 않는다. 따라서 한도초과액 1억원은 당해연도의 법인세가 과세된다. 한도초과액 계산과정은 다음과 같다.

[법정기부금 한도초과액]

구 분	금 액
① 당해연도 소득금액	4억원
② 이월결손금	-
③ 법정기부금 기준소득금액(①-②)	4억원
④ 법정기부금 인정비율	50%
⑤ 한도액(③×④)	2억원
⑥ 법정기부금 지출액	3억원
⑦ 한도초과액 (⑤-⑥)	△1억원(손금불산입)

3 CASE 법정기부금(2)한도초과액

사례연구 : :
고석훈씨는 (주)연우전자의 법정기부금 한도초과액 1억원이 손금불산입된다는 조언에 그럼 한도초과액 1억원은 어떻게 되는지 질문을 계속하고 있다. 한도초과액 1억원이 소멸된다고 하면 너무 억울하다는 입장이다.

조언방향 : :
걱정하지 않아도 된다. 법정기부금 한도초과액은 소멸되지 않고 이월된다. 즉 당해연도 손금불산입된 법정기부금 한도초과액 1억원은 다음 사업연도부터 10년이내에 이월하여 법정기부금 한도내에서 손금산입할 수 있다.

이론정리 및 심화학습

작은사례

법정기부금의 한도초과액은 소멸하지 않고 이월된다는 조언에 고석훈씨는 다음해 경기가 좋지 않아 (주)연우전자의 소득금액이 8,000만원인 경우 이월된 법정기부금이 어떻게 처리된다는 것인지 다시 확인하고 있다.

이월된 법정기부금 한도초과액 1억원 중 다음해 (주)연우전자 소득금액 8,000만원의 50%인 법정기부금 한도 4,000만원에 대해 손금이 추인되고 나머지 6,000만원(=한도초과액 1억원-손금추인액 4,000만원)은 그 다음해로 다시 이월된다.

4 CASE 지정기부금(1)대상/한도

사례연구::

고석훈씨가 기부하려고 하는 적강사회복지법인에 알아보니 자신들은 지정기부금단체라고 하고 있다. 그리고 적강사회복지법인의 유병진씨는 법정기부금단체보다 지정기부금단체가 훨씬 많다는 것도 알려주고 있다. 고석훈씨는 지정기부금은 법정기부금과 어떻게 다른지 조언을 구하고 있다.

조언방향::

지정기부금이란 지정기부금단체로 지정된 비영리법인등에 지출하는 기부금을 말한다. 많은 비영리법인들이 지정기부금단체이며 기정기부금 손금한도는 법정기부금에 비해 손금한도액이 적다. 아래에서 자세히 살펴보자.

이론정리 및 심화학습

| 지정기부금 손금한도 |

기부한 곳이 지정기부금단체인 경우 손금산입할 수 있는 한도는 다음과 같다.

[지정기부금 손금산입한도]

구 분	손금산입한도액
지정기부금	(법인 소득금액 – 이월결손금 – 법정기부금 손금산입액)×10%^(주)

(주) 사회적기업[사회적기업 육성법에 따른 사회적기업에 해당하는 것으로 고용노동부장관의 인증을 받은 기업]은 20%

| 지정기부금 단체 |

법인세법상 지정기부금단체는 다음과 같다.

> (1) 『사회복지법』에 의한 사회복지법인, 『영유아보육법』에 의한 어린이집, 『의료법』에 의한 의료법인
> (2) 종교의 보급, 그밖의 교화를 목적으로 허가를 받아 설립한 비영리법인(소속단체 포함)
> (3) 민법상 비영리법인(민법 32조에 따라 설립된), 사회적 협동조합(협동조합기본법 85조에 의해 설립된), 공공기관(공공기관법률 4조에 따른, 공기업제외), 법률에 따라 직접 설립된 기관중 다음의 요건^(보론)을 모두 충족하는 것으로 주무관청의 추천을 받아 기획재정부장관이 지정·고시한 법인

(보론)

요건이란 다음을 말한다.

1) 다음의 요건
　① 민법상 비영리법인 : 정관의 내용상 수입을 회원의 이익이 아닌 공익을 위하여 사용하고 사업의 직접수혜자가 불특정 다수여야 한다.
　② 사회적 협동조합 : 정관의 내용상 사업의 내용이 협동기본법(93조1항1호~3호)상의 사업중 하나여야 한다.
　③ 공공기관·법률에 의한 설립기관 : 설립목적이 사회복지·자선·문화·예술·교육·학술·장학등의 공익목적 활동을 수행하는 것이어야 한다.
2) 해산시 잔여재산을 국가등 또는 유사한 목적을 가진 다른 비영리법인에 귀속하도록 하는 내용이 정관에 포함되어 있어야 한다.
3) 인터넷 홈페이지에 연간 기부금 모금액 및 활용실적을 공개한다는 내용이 정관에 포함되어 있으며, 재지정의 경우 매년 기부금 모금액 및 활용실적을 사업연도 종료일로부터 3개월이내에 해당 홈페이지과 국세청 홈페이지에 각각 공개하였어야 한다.
4) 비영리법인으로 지정고시된날이 속하는 연도와 직전연도에 대표자(또는 비영리법인)명의로 특정정당(또는 특정인)에 대해 선거운동을 한 사실이 없어야 한다.
5) 지정이 취소된 경우와 재지정을 못받게된 경우는 그날(또는 종료일)로부터 3년이 지났어야 한다.

5 CASE 지정기부금 (2) 고유목적사업비

사례연구 : :
(주)연우전자는 지정기부금단체인 적강사회복지법인에 기부를 거의 결정하였다. 그런데 머리가 좋고 완벽주의자인 고석훈씨는 혹시 적강사회복지법인이 기부받은 금액을 고유목적사업비로 사용하지 않고 다른 곳에 사용한다면 어떻게 되는지 문의하고 있다.

조언방향 : :
큰일 난다. 지정기부금이란 반드시 지정기부금단체가 고유목적사업비로 지출하는 경우에만 인정된다. 따라서 지정기부금을 고유목적사업비가 아닌 다른 용도로 사용한 경우에는 증여세가 과세된다.

이론정리 및 심화학습

| 지정기부금과 증여세 |

지정기부금단체가 기부받은 금액을 고유목적사업비로 사용하지 않으면 기부금이 아닌 증여로 보기 때문에 지정기부금단체는 출연금의 사후관리규정에 의해 증여세가 부과된다.

[지정기부금과 고유목적사업사용]

구 분		적강사회복지법인
기부받은 지정기부금을	고유목적사업비로 사용한 경우	OK!
	다른 목적으로 사용한 경우	증여세 과세

> 작은사례

이러한 조언에 긴장하는 고석훈씨는 그럼 고유목적사업비란 정확히 무엇을 의미하는지 규정해 달라고 하고 있다.

고유목적사업비란 해당 비영리법인이 관련 법령 또는 정관에서 규정한 설립목적을 수행하는 사업에 사용하는 금액을 말한다.

6 CASE 지정기부금단체가 아닌 경우

사례연구::

법인격이 없는 사단인 수연장학회는 세법상 신청에 의해 법인으로 보는 단체로 승인받았지만 법인세법상 기부금단체(법정, 지정)는 아니어서 기부금을 받기 어렵다. 그래서 운영자금 마련을 위해 수연장학회는 수익사업을 개시했고 올해 1억원의 소득이 생겼다. 고유목적사업준비금도 설정할 수 없는 수연장학회는 수익사업 1억원 전액에 대해 법인세가 과세될 것 같아 고민이다. 수연장학회의 장수연 이사장은 고민 끝에 수익사업 소득금액 전부를 수연장학회의 고유목적사업(장학금 지급)에 사용하기로 하였다. 장이사장은 이런 경우에도 법인세법상 혜택이 전혀 없는지 문의하고 있다.

조언방향::

법인으로 보는 법인격 없는 단체중 지정기부금단체로 지정받지 않은 단체가 수익사업의 소득금액을 목적사업을 위해 사용하면 지정기부금으로 본다. 따라서 지정기부금단체는 아니지만 수연장학회의 수익사업에서 발생한 수익을 수연장학회의 고유목적사업에 사용하면 그 금액은 지정기부금으로 보아 한도내의 금액은 수익사업에 대한 법인세 계산시 손금산입된다.

이론정리 및 심화학습

| 지정기부금과 고유목적사업준비금 |

작은사례

장수연씨는 수연장학회가 지정기부금단체가 아닌 것은 이해하는데 왜 고유목적사업준비금도 설정 못하는 단체인지 설명을 부탁하고 있다.

고유목적사업준비금은 비영리법인이면 누구나 설정할수 있다. 하지만 수연장학회는 법인격이 없는 비영리단체이다. 법인으로 보는 법인격이 없는 비영리단체의 경우 그 단체가 법인세법상 지정기부금단체이면 고유목적사업준비금을 설정할수 있지만 지정기부금단체가 아니면 고유목적사업준비금을 설정할 수 없다.

NOTE

고유목적사업준비금 설정가능 대상에 대해서는 **3장 사례연구 4번(고유목적사업준비금 설정대상)**에서 자세히 다루고 있으니 참고하기 바란다.

| 지정기부금단체와 고유목적사업준비금 설정가능단체 |

작은사례

이러한 조언에 장수연씨는 원래 지정기부금단체와 고유목적사업준비금설정가능 단체가 일치하는 것이 아니냐며 헷갈려하고 있다.

지정기부금단체와 고유목적사업준비금 설정가능단체는 거의 일치하지만 고유목적사업준비금 설정가능단체가 더 포괄적이다. 단순한 예로 비영리법인은 전부 고유목적사업준비금 설정이 가능하지만 비영리법인이라고 전부 지정기부금단체가 아닌 것만 봐도 고유목적사업준비금 설정가능단체 범위가 더 넓다는 것을 알 수 있다.

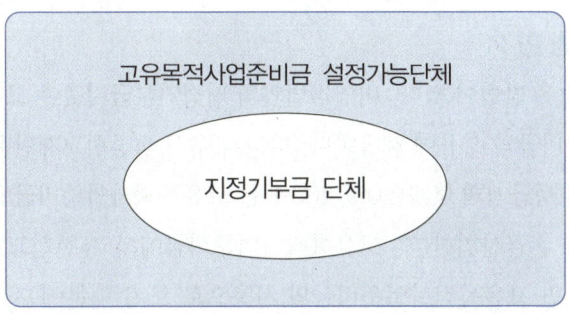

7 CASE 다른 비영리법인에 기부하는 경우

사례연구::

비영리법인인 적강선교재단(지정기부금 단체)은 수익사업에서 발생한 소득금액 2억원중 일부를 동일한 목적을 가진 유진선교재단(지정기부금 단체)에 기부하려고 하고 있다. 강선교씨는 적강선교재산의 수익사업 소득금액을 유진선교재단에 기부하면 적강재단 수익사업 법인세 계산시 지정기부금으로 보아 한도(소득금액의 10%)내의 금액이 손금산입 가능한지 궁금해 하고 있다.

조언방향::

다른 좋은 방법이 있다. 비영리법인의 지정기부금지출은 고유목적사업준비금의 사용에 해당한다. 따라서 우선 적강선교재단은 수익사업 소득금액의 50%(80%, 100%)를 고유목적사업준비금으로 설정하여 손금산입한 후 고유목적사업준비금에서 유진선교재단에 기부하면 고유목적사업준비금의 사용으로 보기 때문에 지정기부금(소득금액의 10%)보다 훨씬 절세금액이 크다.

이론정리 및 심화학습

| 다른 비영리법인에 기부하는 경우 |

비영리법인이 다른 비영리법인에 기부하는 경우 수익사업에서 직접 기부하는 것보다 고유목적사업준비금을 설정한 후 준비금의 사용으로 기부를 하는 것이 절세측면에서 절대적으로 유리하다.

[다른 비영리법인에 기부시]

구 분	절세효과
수익사업에서 바로 기부	지정기부금으로 보아 소득금액의 10% 소득공제
고유목적사업준비금 설정후 기부	고유목적사업준비금 설정시 소득금액의 50%(80%, 100%) 손금산입

NOTE

고유목적사업준비금은 수익사업 소득금액의 50%, 80%, 100% 설정가능한데 이에 대해서는 **3장 사례연구 5번(고유목적사업준비금의 설정한도)**에서 자세히 다루고 있다.

8 CASE 지정기부금단체의 지정기간

사례연구 ::

연우문화재단은 올해 지정기부금단체로 지정·고시되었다. 오랜 숙원인 지정기부금단체가 된 연우문화재단의 무심한씨는 후원금을 많이 받을 수 있는 여건이 되었다고 매우 고무되어 있다. 무심한씨는 아주 어렵게 기부금단체로 지정받았지만 일단 지정받았으니 '거칠 것이 없다'고 흥분하고 있다. 한번 지정되는 것이 어렵지 이제는 마음대로 해도 되는 것 아니냐는 건방진 생각이다.

조언방향 ::

그렇지 않다. 주무관청의 추천에 의해 기획재정부장관이 지정·고시한 지정기부금단체는 6년간 유효하다. 그 후에는 지정기부금 단체로 재지정을 받아야 한다.
2021년 1월 1일 이후 신규지정(국세청장 추천/기획재정부장관지정·고시)신청분부터 지정기간은 3년이고 재지정(지정기간후 2년 이내 재지정되는 경우)기간은 6년이다.

이론정리 및 심화학습

| 지정기부금단체 지정기간 |

민법상 비영리법인(민법 32조에 따라 설립된), 사회적 협동조합(협동조합

기본법 85조에 의해 설립된), 공공기관(공공기관법률 4조에 따른, 공기업 제외)과 법률에 따라 직접 설립된 기관중 요건을 모두 충족하여 주무관청의 추천을 받아 기획재정부장관이 지정·고시한 지정기부금단체는 지정기간 동안에 받은 기부금에 대해서만 지정기부금으로 본다. 그 이후에는 재지정을 받아야 계속 지정기부금단체로 인정받을 수 있다.

[지정기부금 지정기간]

구 분	추천/사후관리	지정·고시	최초지정기간	재지정기간
2020.12.31까지	주무관청	기획재정부장관	6년	6년
2021.1.1이후	국세청장		3년	6년(주)

(주) 최초지정기간 만료후 2년이내 재지정되는 경우

> 작은사례

지정기부금단체의 지정기간이 있다는 조언에 무심한씨는 깜짝 놀라고 있다. 정신차린 무심한씨는 재지정을 위해 지정기간동안에 재단운영을 잘해야겠다고 마음을 다잡고 있다. 그러면서 무심한씨는 지정기간동안 지정기부금단체가 지켜야 하는 중요한 의무에 대해 간략히 알려달라고 하고 있다.

지정기간동안 지켜야할 중요의무사항은 지출액(각 사업연도 수익사업을 제외한)의 80%이상을 직접 고유목직사업에 지출해야 하고 기부금 모금액과 활용실적등을 공개해야 한다. 자세한 의무사항 내용은 다음과 같다.

[지정기부금단체의 의무사항]

1. 법인세법 시행령 39조 1항1호 바목1)부터 3)의 요건 충족할 것(1항 1호 바목 법인만 해당)
2. 다음의 의무를 이행할 것
   ① 민법상 비영리법인 : 수입을 회원의 이익이 아닌 공익을 위하여 사용하고 사업의 직접수혜자가 불특정 다수일 것
   ② 사회적 협동조합 : 협동기본법(93조1항1호~3호)상의 사업중 어느 하나의 사업을 영위할 것
   ③ 공공기관·법률에 의한 설립기관 : 사회복지·자선·문화·예술·교육·학술·장학등의 공익목적 활동을 수행할 것
3. 매년 기부금 모금액과 활용실적을 사업연도 종료일부터 3월이내에 지정기부금단체와 국세청 인터넷 홈페이지에 공개할 것
4. 지정기부금단체등의 명의(또는 대표자 명의)로 특정정당(또는 특정인)에 대한 선거운동을 한 것으로 권한있는 기관이 확인한 사실이 없을 것
5. 사업연도 수익사업의 지출을 제외한 지출액의 80%이상을 직접 고유목적사업에 지출할 것
6. 사업연도 종료일을 기준으로 최근 2년동안 고유목적사업의 지출내역이 있을 것
7. 상증법에 따른 전용계좌를 개설하여 사용할 것
8. 상증법에 따른 서류등을 해당 지정기부금단체등과 국세청 홈페이지에 공시할 것(상증법 시행령 43조의3 ①1호의 공익법인 제외)
9. 상증법에 따른 공익법인회계기준에 의해 감사인에게 회계감사를 받을 것

9 CASE 개인기부금 (1)소득세법상 기부금 범위

사례연구::

지정기부금단체인 연우문화재단은 영리법인으로부터 받는 기부금도 있지만 개인들로부터 받는 기부금이 대부분이다. 얼마 전 오랜 후원자인 이세련씨가 개인적으로 100만원을 기부하면서 기부금영수증 발행을 요구하고 있다. 나름 학구적이라고 자부하고 있는 무심한씨는 기부금영수증을 발행해주면서 이세련씨가 기부한 100만원은 소득세계산시 어떤 혜택이 있는지 세법책을 찾아보고 있다.

조언방향::

소득세법에서도 개인의 기부에 대해 법정기부금과 지정기부금으로 나누어 규정하고 있다. 그런데 개인의 기부규정은 법인보다 다양한 면이 있다. 즉 기부하는 개인이 사업자인지 근로소득자인지 아니면 다른 종합소득만 있는 자인지 등에 따라 달라진다. 심화학습에서 자세히 살펴보자.

이론정리 및 심화학습

| 소득세법상 법정기부금 |

소득세법상 법정기부금은 법인세법상 법정기부금과 특별재난지역을 복구하기 위한 자원봉사의 용역가액을 말한다. 따라서 대부분 법인세법상 법정기부금과 거의 비슷하다.

[소득세법상 법정기부금]

구 분	내 용
소득세법상 법정기부금	• 법인세법상 법정기부금 • 특별재난지역 복구 자원봉사 용역가액(주)

(주) 자원봉사용역가액은 봉사일수(총봉사시간÷8시간)에 5만원을 곱한 금액으로 한다. 그리고 자원봉사용역에 부수되어 발생하는 유류비 또는 재료비(시가 또는 장부가액)등의 직접비용도 포함한다.

| 소득세법상 지정기부금 |

소득세법상 지정기부금은 법인세법상의 지정기부금과 노동조합에 가입한 자가 납부한 회비등을 추가적으로 지정기부금으로 인정한다.

[소득세법상 지정기부금]

구 분	내 용
소득세법상 지정기부금	• 법인세법상 지정기부금 • 노동조합 납부회비 • 교원단체 납부회비 • 공무원직장협의회 납부회비 • 세법상 요건을 갖춘 신탁에 신탁한 금액 • 기부금대상민간단체(기획재정부장관이 지정한)에 지출하는 기부금

| 법인세법 지정기부금 범위 ⊂ 소득세법상 지정기부금 범위 |

| 개인과 법인의 기부금 규정 비교 |

[법인과 개인의 기부금 비교]

구 분		기부금 규정 비교
법인기부	법 인	단순함
개인기부	사업소득만 있는자	복잡함
	사업자중 연말정산 대상인 자	
	근로소득자	
	분리과세되는 금융소득만 있는자	
	종합과세되는 금융소득이 있는 자	
	사업소득과 다른 종합소득도 있는 자	

위의 표에서 보듯 개인의 기부금은 법인 기부금과 달리 다양한 규정에 의해 운영된다. 즉 개인의 경우에는 기부하는 사람이 누구냐에 따라 기부금 규정이 다르다. 소득이 있는 자와 소득이 없는 자(예 : 부동산만 많은 사람)가 기부하는 경우에 따라 다르고 소득도 사업자의 사업소득과 근로자의 근로

소득에 따라 기부금 적용규칙이 서로 다르다.

NOTE

개인의 경우도 기부한 단체가 위에서 규정한 기부금단체(법정, 지정)가 아닌 경우에는 비지정기부금으로 보아 전액 손금불산입된다.

10 CASE 개인기부금(2)개인사업자의 경우

사례연구 ::

소득세법상 기부금규정이 개인에 따라 복잡하다는 조언에 무심한씨는 오히려 다양하게 공부할 기회가 왔다며 좋아(?)하고 있다. 우선 무심한씨는 이번에 기부한 이세련씨가 개인사업자인지 아니면 회사임원인지를 구분하는 것이 중요하다고 생각하고 있다. 무심한씨는 자신의 직감으로 보아 이세련씨는 회사임원이 아닌 개인사업을 하시는 분이라고 확신하고 있다. 그래서 기부자가 개인사업자인 경우의 기부금규정을 공부하고 있다. 참고로 무심한씨의 직감은 한 번도 맞은 적이 없다.

조언방향 ::

기부한 이세련씨가 개인사업자이면 사업소득금액 계산시 기부금 한도내의 금액을 필요경비로 산입할 수 있다. 영리법인의 기부금 한도액을 법인세 계산시 손금산입 하는 것과 동일한 개념이다.

이론정리 및 심화학습

| 개인사업자의 필요경비 산입 |

사업소득만 있는 거주자가 기부금(법정, 지정)이 있는 경우 사업소득금액 계산시 필요경비로 산입할 수 있다.

NOTE 1 필요경비

필요경비는 회계학에서 수익에 대응하는 개념인 비용과 동일한 것으로 법인세법에서는 손금, 소득세법에서는 필요경비라고 한다.

[용어 구분]

구 분	회계학	법인세법	소득세법
①	수익	익금	수입금액
②	△비용	△손금	△필요경비
③(=①-②)	이익	소득금액	

NOTE 2 수입금액 vs 소득금액

위의 표에서 보듯 소득세법에서 수입금액은 매출(수익)개념이고 소득금액은 수입금액에서 필요경비를 차감한 금액으로 이익과 동일한 개념이다. 우리가 일상적으로 수입과 소득을 혼용하여 쓰지만 소득세법에서는 전혀 다른 개념임에 유의해야 한다.

| 기부금 필요경비산입 한도액 |

사업자가 필요경비로 산입할수 있는 법정(지정)기부금의 필요경비산입 한도액은 다음과 같다.

[기부금 필요경비 산입한도액]

구 분		필요경비 산입 한도액
법정기부금		(기준소득금액^(주) − 이월결손금)×100%
지정기부금	종교단체기부금 있는 경우	(기준소득금액 − 이월결손금 − 필요경비 산입하는 법정기부금)×10% + 다음중 적은 금액 ① (기준소득금액 − 이월결손금 − 필요경비 산입하는 법정기부금)×20% ② 종교단체외 지급 지정기부금
	종교단체기부금 없는 경우	(기준소득금액 − 이월결손금 − 필요경비산입하는 법정기부금)×30%

(주) 기준소득금액은 법정기부금과 지정기부금을 필요경비에 산입하기전의 소득금액을 말한다.

11 CASE 개인기부금(3)개인 VS 법인

사 례 연 구 ::

기부금(법정, 지정)한도에 대한 조언에 무심한씨는 법인의 기부금 한도보다 개인의 경우 기부금의 한도가 큰 것 같다며 그렇다면 개인기부가 법인기부보다 절세에 더 유리한 것이냐고 묻고 있다.

조 언 방 향 ::

개인기부의 활성화를 위해 개인의 기부금한도가 법인의 기부금 한도보다 크다. 즉 법인의 경우 법정기부금 손금산입한도가 50%인 반면 개인사업자의 법정기부금 필요경비 산입한도는 100%이다. 그리고 지정기부금의 경우에도 법인은 손금산입한도가 10%(사회적기업 20%)이지만 개인기부금의 경우 30%(10%)이다. 따라서 개인기부의 한도가 법인기부의 한도보다 유리하다고 할 수 있다.

이론정리 및 심화학습

| 법인기부와 개인기부 한도비교 |

법인기부시 기부금 한도와 개인기부시 기부금 한도를 비교하면 다음과 같다.

[기부금 한도 비교]

구 분	법인세 한도	소득세 한도	비 고
법정기부금	50%	100%	개인기부가 유리
지정기부금	10%(20%)	30%(10%)	
비지정기부금	전액 부인		-

작은사례

이러한 조언에 개인사업을 하는 나사업씨는 개인기부를 늘리려고 하고 있다. 거액 기부를 생각하던 나사업씨는 만일 개인사업자의 기부금액이 기부금한도를 초과하는 경우 법인처럼 10년간의 이월공제가 가능한지 물어보고 있다.

그렇다. 개인사업자가 기부한 경우 우선 기부금 한도내의 금액은 사업소득금액 계산시 필요경비로 산입한다. 그리고 사업소득외에 다른 종합소득이 있으면 한도초과금액은 종합소득산출세액에서 세액공제를 받을 수도 있다. 그런 후에도 기부금 한도초과액이 있으면 10년간 이월하여 사업소득의 필요경비로 산입할 수 있다.

[개인사업자의 기부금 혜택흐름]

개인사업자 기부금	내 용
1차 : 사업소득금액 계산시	기부금 한도액 필요경비 산입
2차 : 종합소득세 신고시⒜	종합소득세 산출세액에서 기부금 세액공제 가능
3차 : 이월공제	남은 한도초과금액 10년간 이월공제

⒜ 다른 종합소득이 있는 경우.

12 CASE 개인기부금(4)근로소득자의 경우

사례연구 : :

무심한씨는 자신의 학구적(?)인 면을 발휘하여 개인사업자의 기부금에 대한 규정을 숙지하고 이세련씨에게 세혜택을 조언하고 있다. 끝까지 경청하던 이세련씨는 '고맙지만 난 개인사업자가 아니라 회사의 임원'이라고 말하고 있다. 허탈하지만 실망하지 않는 우리의 무심한씨는 회사임원(근로소득자)이 기부한 경우에는 어떻게 되는지 공부를 다시 시작하고 있다.

조언방향 : :

이세련씨가 근로소득자(회사임원)인 경우에는 필요경비 산입이 아닌 세액공제를 받을 수 있다. 즉, 근로소득세 계산시 기부금 한도 내의 금액을 근로소득 산출세액에서 세액공제(기부금세액공제) 받을 수 있다.

이론정리 및 심화학습

| 근로소득자와 기부금세액공제 |

근로소득자의 소득세 계산시 기부금세액공제 한도액과 세액공제율은 다음과 같다.

[기부금세액공제 대상 기부금 한도액]

구 분		세액공제대상 기부금 한도액
법정기부금		(기준소득금액 – 이월결손금)×100%
지정기부금	종교단체기부금 있는 경우	(기준소득금액 – 이월결손금 – 필요경비산입하는 법정기부금)×10% + 다음중 적은 금액 ① (기준소득금액 – 이월결손금 – 필요경비산입하는 법정기부금)×20% ② 종교단체외 지급 지정기부금
	종교단체기부금 없는 경우	(기준소득금액 – 이월결손금 – 필요경비산입하는 법정기부금)×30%

위의 표에 의해 계산한 세액공제 대상 기부금 한도액에 아래의 기부금 세액 공제율을 곱한 금액이 기부금 세액공제금액이 된다.

[기부금 세액공제율]

세액공제대상 기부금	기부금 세액공제율
1,000만원 이하	15%
1,000만원 초과	150만원 + 1,000만원 초과금액×30%

13 CASE 개인기부금(5)세액공제 계산 FLOW

사례연구::

생각보다 복잡한 근로소득자의 기부금관련 세법규정에 놀란 무심한씨는 구체적 이해를 위해 근로소득자가 기준소득이 1억원이고 지정기부금 3,500만원(종교단체 기부금아님)을 기부한 경우 기부금 세액공제액이 얼마인지 예를 들어 계산해 달라고 하고 있다. 말로만 학구적이지 복잡한 것을 싫어하는 무심한씨는 앞의 사례에 대한 설명을 듣고도 기부금 세액공제액이 기준소득금액인 1억원의 15%(30%)인지 아니면 기부한 금액인 3,500만원의 15%(30%)인지도 헷갈리고 있다.

조언방향::

둘 다 아니다. 기부금 세액공제액을 산출하려면 우선 세액공제대상 지정기부금의 한도를 계산해야 한다. 그런 다음 세액공제대상 기부금 한도내의 금액에 대해 기부금 세액공제율(15%, 30%)를 곱하여 기부금 세액공제액을 산출하는 것이다. 기부금 세액공제 규정이 복잡하여 헷갈려하는 무심한씨를 위해 계산과정을 자세히 따라가 보자.

이론정리 및 심화학습

| 기부금 세액공제 금액 계산과정 |

(1) 세액공제 대상 기부금 한도액 계산

종교단체 기부금이 없는 경우 세액공제대상 지정기부금한도는 기준소득금액(1억원)의 30%이다. 따라서 김갑돌씨의 세액공제대상 기부금한도는 3,000만원(=1억원×30%)이기 때문에 지출한 기부금 3,500만원중 3,000만원만 세액공제 대상 기부금이 된다.

(2) 기부금 세액공제금액 계산

위에서 계산한 세액공제 대상 기부금 한도액 3,000만원에 대해 기부금 세액공제율(15%, 30%)를 곱하여 기부금 세액공제액을 계산한다.

[기부금 세액공제율]

세액공제대상 기부금	기부금 세액공제율
1,000만원 이하	15%
1,000만원 초과	150만원＋1,000만원 초과금액×30%

이에 따라 세액공제 대상 기부금 3,000만원에 대해 계산한 기부금 세액공제 금액은 750만원(=1,000만원×15%+2,000만원×30%)이다.

[기부금 세액공제금액 계산 FLOW]

구 분	금 액
① 기준소득금액	1억원
② 지정기부금 한도	30%
③ 세액공제 대상 기부금 한도액 (①×②)	3,000만원
④ 김갑돌씨 지정기부금	3,500만원
⑤ 세액공제 대상 지정기부금(MIN ③,④)	3,000만원
⑥ 세액공제율	15%/30%
⑦ 기부금세액공제 금액(⑤×⑥)	750만원

작은사례 1

이러한 조언에 무심한씨는 세액공제 대상 기부금 한도액인 3,000만원(=1억원×30%)을 초과하는 500만원은 소멸되는지 아니면 이월하여 다음해에 공제받을 수 있는지도 궁금해 하고 있다.

지정(법정)기부금 세액공제 대상 기부금 한도초과 금액 500만원은 다음해부터 10년간 이월하여 공제할 수 있다.

> 작은사례 2

근로소득자는 필요경비산입이 아닌 세액공제를 받을 수 있다는 조언에 보험모집인 나보험씨는 자신은 사업자이지만 일반적인 사업자와는 다르다고 항변하고 있다. 즉 자신은 연말정산에 의해 납세의무를 종결하는 사업자로 일반사업자보다는 근로소득자와 더 유사하기 때문에 필요경비산입이 아니라 기부금세액공제를 받은 것이 타당하다고 목소리를 높이고 있다.

그렇다. 그래서 사업자중에서 나보험씨처럼 연말정산대상 사업소득만 있는자(보험모집인, 방문판매원, 음료품배달원)에 대해서는 필요경비산입이 아닌 기부금 세액공제를 허용하고 있다.

[기부금 필요경비/세액공제 대상자]

기부금 지출자	기부금 처리기준
• 사업자	사업소득 계산시 필요경비 산입
• 사업자外 종합소득자 • 사업자중 연말정산대상 사업소득자	종합소득 산출세액에서 (기부금)세액공제

14 CASE 개인기부금 (6) 그 외 종합소득자

사례연구::

젊어서 사업에 성공하여 일찍 은퇴한 후 취미로 역사공부만 하는 자산가이자 나름 역사학자인 이자산씨는 이자소득등 금융소득만 1억원이 넘는다. 이자산씨는 올해 지정기부금단체에 200만원을 기부하였다. 이자산씨는 자신과 같이 금융소득만 있는 사람도 소득세 계산시 기부금 세액공제를 받을 수 있는지 문의하고 있다.

조언방향::

금융소득이 2,000만원이하인 경우에는 원천징수에 의해 납세의무를 종결하기 때문에 기부금 세액공제를 받을 수 없다. 하지만 금융소득이 2,000만원을 초과하는 경우에는 종합소득 신고대상이므로 종합소득세 계산시 세액공제(기부금 세액공제) 대상이 된다. 따라서 금융소득이 1억원이 넘는 이자산씨는 기부금세액공제를 받을 수 있다.

이론정리 및 심화학습

| 소득세법상 분류과세 |

소득세법상 소득은 종합소득, 양도소득, 퇴직소득 3가지로 분류한다.

| 소득세법상 종합소득 |

종합소득은 이자소득, 배당소득, 사업소득, 근로소득, 연금소득, 기타소득으로 구분한다.

| 금융소득 |

금융소득이란 이자소득과 배당소득을 말한다.

[개인소득의 구분]

종합소득	이자소득	금융소득
	배당소득	
	사업소득	
	근로소득	
	연금소득	
	기타소득	
양도소득		
퇴직소득		

| 금융소득 과세방법 |

(1) 원천징수에 의한 분리과세

개인의 금융소득이 연간 2,000만원 이하인 경우에는 15.4%의 원천징수

(소득세14%, 지방소득세1.4%)에 의해 납세의무를 종결한다.

(2) 금융소득 종합과세

개인의 금융소득이 연간 2,000만원을 초과하는 경우에는 다음해 5월 금융소득외의 다른 종합소득과 합산하여 종합소득세를 신고해야 한다. 이를 금융소득종합과세라고 한다.

| 금융소득자와 기부금 세액공제 |

금융소득만 있더라도 연간금융소득이 2,000만원을 초과하여 다음해 5월 종합소득세 신고를 해야하는 경우에는 종합소득세 신고시 세액공제(기부금 세액공제)를 받을 수 있다.

[금융소득자와 기부금 세액공제]

구 분	금융소득	기부금 세액공제 가능 여부
금융소득자	2,000만원 이하	세액공제 불가능
	2,000만원 초과	종합소득 신고시 공제 가능

> 작은사례

이러한 조언에 사업소득도 있고 금융소득도 1억원 가까이 있는 이자산씨의 친구 김복잡씨는 자신의 경우 필요경비 산입을 하는지 아니면 기부금 세액공제를 해야 하는지 헷갈린다며 문의하고 있다.

김복잡씨처럼 사업소득과 사업소득외의 종합소득이 있는 경우에는 사업소득 계산시 필요경비 산입과 종합소득세 계산시 기부금 세액공제를 모두 적용받을 수 있다.

15 CASE 개인기부금(7) 양도소득만 있는 경우

사례연구 : :

10년전 2억원에 구입한 부동산을 5억원에 양도하여 3억원의 양도차익이 생긴 이생김씨는 통 크게 1억원을 기부하고 있다. 그런데 기부한 1억원(지정기부금)이 양도소득 계산시 필요경비 산입이나 세액공제가 가능한지 문의하고 있다. 이생김씨는 오래전 은퇴했으며 부동산등의 자산은 있지만 소득세법상 종합소득은 없다.

조언방향 : :

불가능하다. 필요경비 산입이나 기부금 세액공제는 종합소득이 있는 자에 대해서만 가능하다. 이생김씨가 종합소득이 없고 양도소득만 있는 경우에는 필요경비 산입과 기부금 세액공제가 모두 불가능하다. 종합소득이 아닌 퇴직소득만 있는 자도 동일하다.

이론정리 및 심화학습

| 양도소득과 퇴직소득 |

앞에서 살펴본 것처럼 양도소득과 퇴직소득은 종합소득이 아니다.

[개인소득의 구분]

종합소득⁽주⁾
양도소득
퇴직소득

⑨ 종합소득은 이자소득, 배당소득, 사업소득, 근로소득, 연금소득, 기타소득으로 구분

종합소득이 아닌 양도소득과 퇴직소득만 있는 경우에는 기부금에 대한 필요경비 산입이나 세액공제(기부금 세액공제)가 불가능하다.

| 개인기부금의 요약 |

[개인기부금 요약]

구 분		세법상 기부금 혜택
사업소득만 있는 자		사업소득 계산시 필요경비로 산입
근로소득만 있는 자		소득세 계산시 기부금 세액공제
사업자중 연말정산대상 사업자		
금융소득만 있는 자	2,000만원 이하	기부금 세액공제 불가능
	2,000만원 초과	기부금 세액공제 가능
양도소득만 있는 자		필요경비, 세액공제 모두 불가능

16 CASE 필요경비 산입 vs 기부금 세액공제

사례연구 ::

복잡한 소득세법상 기부금규정을 보고 나름 머리좋다고 자부하는 이자산씨의 친구 김복잡씨는 기부금을 필요경비에 산입하는 것과 세액공제하는 것 중 어느 것이 유리한지 비교를 하고 있다. 김복잡씨는 당연히 세액공제가 유리하지 않겠냐는 생각이다. 따라서 사업자도 필요경비산입이 아닌 세액공제 혜택을 줘야 한다고 강력히 주장하고 있다. 참고로 김복잡씨는 머리가 좋다기보다는 머리가 복잡하다는 것이 지인들의 평(評)이다.

조언방향 ::

기부금 세액공제가 반드시 유리한 것은 아니다. 경우에 따라 다르다. 복잡하지만 아래에서 자세히 살펴보자.

이론정리 및 심화학습

| 필요경비 산입이 유리한 경우 |

사업자의 기부금도 세액공제를 적용 한다고 가정해보자. 현행 소득세 최고세율이 42%이다. 만일 최고세율(42%)을 적용받는 사업자 최세율씨(종합소득 과세표준 7억원)가 법정기부금단체에 1억원을 기부한 경우를 생각해보자.

[종합소득세율]

종합소득 과세표준	기본세율
1,200만원이하	6%
1,200만원초과 4,600만원이하	72만원+1,200만원 초과금액×15%
4,800만원초과 8,800만원이하	582만원+4,600만원 초과금액×24%
8,800만원초과 1억5,000만원이하	1,590만원+8,800만원 초과금액×35%
1억5,000만원초과 3억원이하	3,760만원+1억5,000만원 초과금액×38%
3억원초과 5억원이하	9,460만원+3억원 초과금액×40%
5억원초과	1억 7,460만원+5억원 초과금액×42%

(1) 필요경비 산입시

최세율씨의 법정기부금 1억원이 필요경비로 산입(100%)되는 경우 절세되는 금액은 한계세율 42%인 4,200만원이다.

(2) 기부금 세액공제시

기부금 세액공제를 하는 경우 최세율씨의 한계세율과 관계없이 세액공제 대상 기부금(1억원)의 15%(30%)로 2,850만원(=1,000만원×15%+9,000만원×30%)이 절세된다. 따라서 최세율씨 경우에는 세액공제보다 필요경비 산입이 유리하다.

[최세율씨 절세 비교]

구 분	필요경비 산입시 절세금액	세액공제시 절세금액	차 이
최세율씨 경우	4,200만원	2,850만원	필요경비산입 有利

하지만 소득세 한계세율이 낮은 사업자의 경우에는 세액공제가 유리할 것이다. 스스로 사례를 만들어 생각해 보라.

[결론]

소득세 한계세율이 높은 사업자일수록 필요경비로 산입하는 것이 유리하다는 것을 알 수 있다. 따라서 사업자의 경우 기부금을 필요경비로 산입하는 것이 세액공제 받는 것보다 반드시 불리한 것은 아니다.

17 CASE 기부장려금 제도

사례연구::

근로소득자 천사심씨는 자신의 오빠가 근무하는 적강문화재단에 기부한 지정기부금 1,000만원에 대해 150만원의 세액공제 받을 수 있다는 것에 만족해하고 있다. 그런데 천사의 마음을 가진 천사심씨는 갑자기 '내가 세액공제를 받으려고 기부한 것이 아닌데..' 라는 생각에 세액공제를 신청할지 그냥 포기할지 고민중이다. 아니면 세액공제를 신청하여 세액공제를 받은 후 환급받은 150만원을 다시 기부할까도 생각중이다. 그러면 다시 기부한 150만원에 대해서도 또 세액공제가 될 것이고…
생각이 복잡해진 천사심씨는 그냥 기부금세액공제를 포기하기로 마음먹고 있다.

조언방향::

이렇게 착한 천사심씨를 위해 세법(조세특례제한법)에서는 기부장려금 제도를 두고 있다. 즉 자신이 기부한 기부금에 대한 세액공제 상당액을 자신이 아닌 기부 받은 곳에서 환급받을 수 있게 하는 제도이다. 심화학습에서 계속 살펴보자.

이론정리 및 심화학습

| 기부장려금제도 |

근로소득자는 본인이 신청할 수 있는 세액공제 상당액을 당초 기부받는 자가 지급받을 수 있도록 기부장려금을 신청할 수 있다.

작은사례

이러한 조언에 천사심씨는 바로 기부장려금을 신청하겠다며 자신이 기부한 적강문화재단에 연락하고 있다. 그러나 적강문화재단의 담당자인 오빠 천태평씨는 기부장려금이 뭔지 전혀 모르고 있다. 천사심씨는 지정(법정) 기부금단체는 당연 기부장려금 제도를 적용받는 것이 아니냐며 의아해하고 있다.

기부장려금 제도는 기부금단체에 큰 혜택을 주는 것이기 때문에 매우 제한적으로 적용되고 있다. 우선 기부장려금단체가 되려면 지정을 받아야 한다. 기획재정부장관은 납세협력의무 이행과 회계투명성등의 요건을 갖춘 것으로 인정되어 국세청장이 추천하는 단체를 기부장려금단체로 지정할 수 있다.

NOTE

기부장려금 단체로 한번 지정받으면 지정기간은 6년간이다.

18 CASE 기부장려금 환급절차

사례연구 : :

이러한 조언에 천사심씨는 항상 천하태평인 오빠 천태평씨를 압박하여 어렵게 아주 어렵게 적강재단을 기부장려금단체로 지정받게 하였다. 천태평씨는 천사심씨에게 밀려 기부장려금 단체로 지정을 받긴 받았는데 실제로 세액공제금액을 재단이 지급받으려면 어떤 실무적 절차가 있는지 태평스럽게 문의하고 있다.

조언방향 : :

기부장려금단체는 기부자에게 기부영수증을 발행할 때 기부장려금신청여부를 확인한후 세무서에 기부금영수증 발급명세서 제출시 기부장려금신청명세를 함께 제출해야 한다. 심화학습에서 그 절차를 따라가 보자.

이론정리 및 심화학습

| 기부장려금 신청명세서의 제출 |

기부금영수증을 발행하는 기부장려금 대상 비영리법인은 기부금영수증 총 발급건수와 금액등이 적힌 기부금영수증 발급증명서를 사업연도 종료일이 속하는 달의 말일부터 6개월 이내에 관할세무서장에게 제출하여야 한다.

이때 기부장려금신청명세를 함께 제출하면 된다.

> 작은사례

천태평씨는 이렇게 자세한 조언에도 불구하고 귀찮은 듯 기부금영수증 발급증명서를 제출할 때 기부장려금신청명세를 제출하면 언제 환급되는지나 알려달라고 하고 있다.

기부장려금신청명세를 제출하면 세무서장은 제출기한이 지난 후 4개월이내에 기부장려금의 환급을 결정해야 한다. 기부장려금 환급이 결정되면 기부장려금은 국세환급금의 환급규정을 준용하여 결정한 날로부터 30일이내에 지급하여야 한다.

[기부장려금 흐름도]

단 계	내 용
STEP 1	기부장려금단체 지정신청
STEP 2	국세청장 추천 기획재정부장관 지정
STEP 3	기부금영수증 발행시 기부자에 대해 기부장려금신청여부 확인
STEP 4	기부금영수증발급증명서 제출시(6개월이내) 기부장려금신청명세 제출
STEP 5	제출후 4월이내 세무서장 기부장려금 환급결정
STEP 6	결정후 30일이내 지급(국세환급금 규정 준용)

19 CASE 기부장려금 신청대상

사례연구::

기부장려금제도가 있다는 조언에 부자인 개인사업자 나사업씨는 크게 고무되고 있다. 나사업씨는 요즘 사업이 잘되니 통 크게 1억원을 기부하면서 기부장려금을 선택하겠다고 큰소리치고 있다.

조언방향::

안타깝지만 나사업씨는 기부장려금 적용을 받을 수 없다. 왜냐하면 기부장려금제도를 신청할수 있는 자는 사업소득만 있는 자를 제외한 거주자(사업소득만 있는 자중에서 연말정산에 의해 납세의무를 종결하는 사업자는 기부장려금 신청가능)를 대상으로 하기 때문이다. 또한 법인의 경우도 기부장려금제도를 신청할 수 없다.

이론정리 및 심화학습

| 기부장려금 대상 |

기부장려금은 기부금을 내는 모든 경우에 적용되는 것은 아니다. 법인은 원래 해당하지 않고 개인중에서도 사업자외의 거주자 기부에 대해 제한적으로 적용되고 있다.

[기부장려금 신청 가능여부]

구 분		기부장려금신청
개 인	사업소득만 있는자 (연말정산대상 사업자 제외)	불 능
	그 외 거주자	가 능
법 인		불 능

> 작은사례

사람은 나쁘지 않으나 가끔 예상치 못한 행동으로 주위사람들을 당황시키는 근로소득자 나황당씨는 기부금 세액공제도 신청하면서 기부장려금 신청도 중복으로 하였다. 이런 경우에는 어떻게 될까?

나황당씨처럼 기부금세액공제와 기부장려금을 중복하여 신청한 경우에는 기부금세액공제를 신청한 것으로 본다. 다만 예외적으로 기부장려금 신청명세 제출기한(6개월)이 지난 후 기부금 세액공제를 중복으로 신청한 경우에는 기부장려금을 신청한 것으로 본다.

[세액공제 기부장려금 중복신청시]

구 분			비 고
세액공제와 기부장려금 중복신청시	원 칙	세액공제	-
	예 외	기부장려금	기부장려금 신청명세 제출기한후 세액공제 신청시

20 CASE 기부받은 자산의 취득가액

사 례 연 구 : :

공익법인인 독실재단에서는 얼마전 재단과 특수관계가 없는 오래된 후원자 나대로씨로부터 부동산(취득가액 1억원, 기부당시 시가 5억원)을 기부 받았다. 독실재단의 오영실씨는 기부받은 자산의 취득가액을 얼마로 계상해야 하는지 문의하고 있다. 오영실씨는 당연히 시가인 5억원을 취득가액으로 하는 것이 맞다고 생각하고 있다.

조 언 방 향 : :

공익법인이 특수관계 없는 자로부터 기부받는 경우 취득가액은 원칙적으로 장부가액(또는 최초 취득가액)으로 한다.

이론정리 및 심화학습

| 기부자산의 취득가액 |

공익법인등이 지정기부금에 해당하는 자산을 특수관계인 외의 자로부터 기부받은 자산의 취득가액은 장부가액(또는 최초취득가액)으로 한다. 다만 상증법에 따라 증여세 과세가액에 불산입된 출연재산이 그 이후 과세요건이 발생하여 증여세가 부과되는 경우에는 기부당시의 시가에 의한다.

> 작은사례

특수관계외의 자에게 기부받은 자산은 장부가액(또는 최초취득가액)을 취득가액으로 한다는 조언에 오영실씨는 얼마전 독실재단의 설립자인 나독실여사로부터 부동산(취득원가 3억원, 시가 10억원)을 증여받았는데 나독실여사는 독실재단과는 당연히 특수관계가 있다. 이런 경우에도 독실재단은 기부받은 부동산의 취득가액을 장부가액(최초 취득가액)으로 하는지 문의하고 있다.

그렇지 않다. 특수관계 있는 자로부터 기부받은 자산은 취득당시의 시가를 취득가액으로 한다.

[기부받은 자산의 세법상 취득가액]

구 분	공익법인과의 관계	공익법인의 취득가액
기부받은 자산	특수관계 무(無)	장부가액(최초 취득가액)
	특수관계 유(有)	기부당시 시가

개인이 아닌 법인에게 기부받은 경우도 동일하다. 즉 기부한 법인과 공익법인이 특수관계가 없는 경우에는 기부자의 장부가액으로 하고 특수관계가 있는 경우에는 기부당시 시가로 한다.

비영리법인과 기부금

1. 기부금의 정의

법인세법상 기부금이란 내국법인이 사업과 직접적인 관련없이 무상으로 지출하는 금액을 말한다.

2. 법정기부금

법인세법에서 규정하고 있는 법정기부금은 다음과 같다.

① 국가나 지방자치단체에 무상으로 기증하는 금품
② 국방헌금과 국군장병 위문금품
③ 천재지변으로 인한 이재민 구호금품
④ 사립학교등에 시설비, 교육비, 장학금 또는 연구비로 지출하는 기부금
⑤ 국립대학병원등에 시설비, 교육비 또는 연구비로 지출하는 기부금
⑥ 사회복지활동의 재원 모집·배분을 주된 목적으로 하는 비영리법인(전문모금기관)등에 지출하는 기부금

3. 법정기부금 손금산입 한도

[법정기부금 한도]

구 분	손금산입한도액
법정기부금	(법인 소득금액 − 이월결손금) × 50%

4. 법정기부금의 한도초과액

법정기부금 한도초과액은 소멸되지 않고 이월된다. 당해연도 손금불산입된 법정기부금 한도초과액은 이월되어 다음 사업연도부터 10년동안 법정기부금 한도내에서 손금산입할 수 있다.

5. 지정기부금 손금한도

기부한 곳이 지정기부금단체인 경우 손금산입 한도는 다음과 같다.

[지정기부금 손금산입한도]

구 분	손금산입한도액
지정기부금	(법인 소득금액 − 이월결손금 − 법정기부금 손금산입액)×10%(주)

(주) 사회적기업[사회적기업 육성법에 따른 사회적기업에 해당하는 것으로 고용노동부장관의 인증을 받은 기업]은 20%

6. 지정기부금 단체

법인세법상 지정기부금단체는 다음과 같다.

(1) 『사회복지법』에 의한 사회복지법인, 『영유아보육법』에 의한 어린이집, 『의료법』에 의한 의료법인
(2) 종교의 보급, 그밖의 교화를 목적으로 허가를 받아 설립한 비영리법인(소속단체 포함)
(3) 민법상 비영리법인(민법 32조에 따라 설립된), 사회적 협동조합(협동조합기본법 85조에 의해 설립된), 공공기관(공공기관법률 4조에 따른, 공기업제외), 법률에 따라 직접 설립된 기관중 다음의 요건[보론]을 모두 충족하는 것으로 주무관청의 추천을 받아 기획재정부장관이 지정·고시한 법인

7. 지정기부금과 증여세

지정기부금단체가 기부받은 금액을 고유목적사업비로 사용하지 않으면 기부금이 아닌 증여로 보아 증여세가 부과된다.

[지정기부금과 고유목적사업사용]

구 분		적강사회복지법인
기부 받은 지정기부금을	고유목적사업비로 사용한 경우	OK!
	다른 목적으로 사용한 경우	증여세 과세

8. 지정기부금단체가 아닌 비영리법인

지정기부금단체로 지정받지 않은 법인으로 보는 단체가 수익사업의 소득금액을 목적사업을 위해 사용하면 지정기부금으로 본다. 따라서 지정기부금단체는 아니지만 수익사업에서 발생한 수익을 고유목적사업에 사용하면 지정기부금 한도내의 금액을 수익사업에 대한 법인세 계산시 손금산입한다.

9. 지정기부금단체와 고유목적사업준비금 설정가능단체

고유목적사업준비금 설정가능단체의 범위는 지정기부금 단체 범위보다 더 포괄적이다.

```
┌─────────────────────────────────────────────────┐
│   지정기부금 단체      ⊂    고유목적사업준비금 설정가능 단체   │
└─────────────────────────────────────────────────┘
```

따라서 법인으로 보는 단체가 지정기부금단체이면 당연히 고유목적사업준비금 설정가능 단체이다.

10. 다른 비영리법인에 기부하는 경우

비영리법인의 지정기부금지출은 고유목적사업준비금의 사용에 해당한다. 따라서 비영리법인이 다른 비영리법인에 기부하는 경우 수익사업에서 직접 기부하는 것보다 고유목적사업준비금을 설정한 후 준비금의 사용으로 기부를 하는 것이 절세측면에서 절대적으로 유리하다.

[다른 비영리법인에 기부시]

구 분	절세효과
수익사업에서 바로 기부	지정기부금으로 보아 소득금액의 10% 소득공제
고유목적사업준비금 설정후 기부	고유목적사업준비금 설정시 소득금액의 50%(100%) 손금산입

11. 지정기부금단체 지정기간

민법상 비영리법인, 사회적 협동조합, 공공기관등 기획재정부장관이 지정·고시한 지정기부금단체는 지정기간동안에 받은 기부금에 대해서만 지정기부금으로 본다. 그 이후에는 재지정을 받아야 계속 지정기부금단체로 인정받을 수 있다.

[지정기부금 지정기간]

구 분	추천/사후관리	지정·고시	최초지정 기간	재지정 기간
2020.12.31까지	주무관청	기획재정부장관	6년	6년
2021.1.1이후	국세청장		3년	6년(주)

(주) 최초지정기간 만료후 2년이내 재지정되는 경우

12. 지정기간중 의무사항

지정기간동안 지켜야 할 의무사항 내용은 다음과 같다.

[지정기부금단체의 의무사항]

1. 법인세법 시행령 39조 1항1호 바목1)부터 3)의 요건 충족할 것(1항 1호 바목 법인만 해당)

2. 다음의 의무를 이행할 것
   ① 민법상 비영리법인 : 수입을 회원의 이익이 아닌 공익을 위하여 사용하고 사업의 직접수혜자가 불특정 다수일 것

② 사회적 협동조합 : 협동기본법(93조1항1호~3호)상의 사업중 어느 하나
　　　의 사업을 영위할 것
　　③ 공공기관·법률에 의한 설립기관 : 사회복지·자선·문화·예술·교육·
　　　학술·장학등의 공익목적 활동을 수행할 것
3. 매년 기부금 모금액과 활용실적을 사업연도 종료일부터 3월이내에 지정기부
　 금단체와 국세청 인터넷 홈페이지에 공개할 것
4. 지정기부금단체등의 명의(또는 대표자 명의)로 특정정당(또는 특정인)에 대
　 한 선거운동을 한 것으로 권한있는 기관이 확인한 사실이 없을 것
5. 사업연도 수익사업의 지출을 제외한 지출액의 80%이상을 직접 고유목적사
　 업에 지출할 것
6. 사업연도 종료일을 기준으로 최근 2년동안 고유목적사업의 지출내역이 있
　 을 것
7. 상증법에 따른 전용계좌를 개설하여 사용할 것
8. 상증법에 따른 서류등을 해당 지정기부금단체등과 국세청 홈페이지에 공시
　 할 것(상증법 시행령 43조의3 ①1호의 공익법인 제외)
9. 상증법에 따른 공익법인회계기준에 의해 감사인에게 회계감사를 받을 것

13. 소득세법상 법정기부금

　소득세법상 법정기부금은 법인세법상 법정기부금과 특별재난지역을 복구하기 위한 자원봉사의 용역가액을 말한다.

[소득세법상 법정기부금]

구 분	내 용
소득세법상 법정기부금	• 법인세법상 법정기부금 • 특별재난지역 복구 자원봉사 용역가액(주)

(주) 자원봉사용역가액은 봉사일수(총봉사시간÷8시간)에 5만원을 곱한 금액으로 한다. 그리고 자원봉사용역에 부수되어 발생하는 유류비 또는 재료비(시가 또는 장부가액)등의 직접비용도 포함한다.

14. 소득세법상 지정기부금

소득세법상 지정기부금은 법인세법상의 지정기부금과 노동조합에 가입한 자가 납부한 회비등을 추가적으로 지정기부금으로 인정한다.

[소득세법상 지정기부금]

구 분	내 용
소득세법상 지정기부금	• 법인세법상 지정기부금 • 노동조합 납부회비 • 교원단체 납부회비 • 공무원직장협의회 납부회비 • 세법상 요건을 갖춘 신탁에 신탁한 금액 • 기부금대상민간단체(기획재정부장관이 지정한)에 지출하는 기부금

15. 사업자의 기부금 필요경비 산입

사업소득만 있는 거주자가 기부금(법정, 지정)이 있는 경우 소득금액 계산시 필요경비로 산입할 수 있다.

16. 기부금 필요경비산입 한도액

사업자가 필요경비로 산입할수 있는 법정(지정)기부금의 필요경비산입 한도액은 다음과 같다.

[기부금 필요경비 산입한도액]

구 분		필요경비 산입 한도액
법정기부금		(기준소득금액(주) − 이월결손금)×100%
지정기부금	종교단체기부금 있는 경우	(기준소득금액 − 이월결손금 − 필요경비 산입하는 법정기부금)×10% + 다음중 적은 금액 ① (기준소득금액 − 이월결손금 − 필요경비 산입하는 법정기부금)×20% ② 종교단체외 지급 지정기부금
	종교단체기부금 없는 경우	(기준소득금액 − 이월결손금 − 필요경비산입하는 법정기부금)×30%

(주) 기준소득금액은 법정기부금과 지정기부금을 필요경비에 산입하기전의 소득금액을 말한다.

17. 법인기부와 개인기부 한도비교

법인기부시 기부금 한도와 개인기부시 기부금 한도를 비교하면 다음과 같다.

[기부금 한도 비교]

구 분	법인세 한도	소득세 한도	비 고
법정기부금	50%	100%	개인기부가 유리
지정기부금	10%(20%)	30%(10%)	
비지정기부금	전액 부인		-

18. 근로소득자와 기부금세액공제

근로소득자의 기부금(법정, 지정)은 필요경비 산입이 아닌 세액공제를 받을 수 있다. 즉, 근로소득세 계산시 기부금 한도내의 금액을 근로소득 산출세액에서 세액공제(기부금세액공제) 받을 수 있다.

19. 기부금세액공제 한도

기부금세액공제 한도액은 다음과 같다.

[기부금세액공제 대상 기부금 한도액]

구 분		세액공제대상 기부금 한도액
법정기부금		(기준소득금액 – 이월결손금)×100%
지정기부금	종교단체기부금 있는 경우	(기준소득금액 – 이월결손금 – 필요경비산입하는 법정기부금)×10% + 다음중 적은 금액 ① (기준소득금액 – 이월결손금 – 필요경비 산입하는 법정기부금)×20% ② 종교단체외 지급 지정기부금
	종교단체기부금 없는 경우	(기준소득금액 – 이월결손금 – 필요경비산입하는 법정기부금)×30%

20. 기부금 세액공제율

기부금 세액공제 대상 한도액에 기부금 세액공제율을 곱한 금액이 기부금 세액공제금액이다.

[기부금 세액공제율]

세액공제대상 기부금	기부금 세액공제율
1,000만원 이하	15%
1,000만원 초과	150만원 + 1,000만원 초과금액×30%

21. 개인기부금 요약

개인기부금에 대한 세법상 기부금 혜택을 요약하면 다음과 같다.

[개인기부금의 요약]

구 분		세법상 기부금 혜택
사업소득만 있는 자		사업소득 계산시 필요경비로 산입
근로소득만 있는 자		소득세 계산시 기부금 세액공제
사업자중 연말정산대상 사업자		
금융소득만 있는 자	2,000만원 이하	기부금 세액공제 불가능
	2,000만원 초과	기부금 세액공제 가능
양도소득만 있는 자		필요경비, 세액공제 모두 불가능

22. 기부장려금제도

근로소득자는 본인이 신청할 수 있는 세액공제 상당액을 당초 기부받는 자가 지급받을 수 있도록 기부장려금을 신청할 수 있다. 기부장려금 단체로 한번 지정받으면 지정기간은 6년간이다.

[기부장려금 흐름도]

단 계	내 용
STEP 1	기부장려금단체 지정신청
STEP 2	국세청장 추천 기획재정부장관 지정
STEP 3	기부금영수증 발행시 기부자에 대해 기부장려금신청여부 확인
STEP 4	기부금영수증발급증명서 제출시(6개월이내) 기부장려금신청명세 제출
STEP 5	제출후 4월이내 세무서장 기부장려금 환급결정
STEP 6	결정후 30일이내 지급(국세환급금 규정 준용)

23. 기부받은 자산의 취득가액

공익법인이 특수관계 없는 자로부터 기부받는 경우 그 취득가액은 원칙적으로 장부가액(또는 최초 취득가액)으로 한다.

[기부받은 자산의 세법상 취득가액]

구 분	공익법인과의 관계	공익법인의 취득가액
기부받은 자산	특수관계 무(無)	장부가액(최초 취득가액)
	특수관계 유(有)	기부당시 시가

03

비영리법인과 고유목적사업준비금

1 CASE 고유목적사업준비금의 성격

사례연구 : :

고유준씨는 재단법인인 적강재단에 근무하고 있다. 평소 세법지식이 많지 않은 고유준씨는 나름 열심히 세금에 대해 관심을 가지고 공부하고 있다. 학습중 비영리법인의 수익사업에서 발생하는 소득에 대해 고유목적사업준비금을 설정하면 손금으로 인정받아 법인세가 과세되지 않는다는 것에 대한 정확한 이해를 위해 준비금의 개념과 성격에 대해 압축해 달라고 하고 있다.

조언방향 : :

비영리법인의 수익사업에서 발생한 소득금액의 일정부분을 고유목적사업에 5년내에 사용할 것을 조건으로 준비금을 설정하면 법인세 과세소득에서 제외함으로써 비영리법인의 수익사업에 대한 법인세 감면혜택을 주는 제도가 있다. 이때 설정하는 준비금이 고유목적사업준비금이다.

이론정리 및 심화학습

| 준비금 |

사전적 의미로 준비금은 미래의 특정한 목적을 위해 현재 미리 적립하는 금액을 말한다.

| 고유목적사업준비금 |

비영리법인의 수익사업에서 발생한 소득은 영리법인과 마찬가지로 법인세를 부담해야 한다. 그러나 설정후 5년이내에 고유목적사업에 사용할 것을 전제로 고유목적사업준비금을 설정하면 그 설정 금액을 법인세법상 손금으로 산입하여 법인세부담을 감면한다.

작은사례

이러한 고유목적사업준비금에 대한 개념설명에 고유준씨는 영리법인이 소득금액을 비영리법인에게 기부한 경우와 비영리법인이 수익사업에서 발생한 소득금액을 고유목적사업에 사용하는 경우의 차이는 무엇인지 묻고 있다.

영리법인이 소득금액을 비영리법인에게 기부하면 기부금으로 보아 기부금(법정, 지정)한도내의 금액이 법인세법상 손금으로 인정된다. 반면 비영리법인이 고유목적사업준비금을 설정하는 경우 수익사업에 대한 법인세 계산시 손금(설정금액의 일정범위 내)으로 인정된다.

2 CASE 기부금과 고유목적사업준비금 ⑴기부금

사례연구::

이러한 설명에 고유준씨는 사례를 들어 설명해 달라며 자신이 즉흥적으로 사례를 만들어 제시하고 있다. 영리법인인 (주)연우전자의 올해 소득금액은 10억원이고 비영리공익법인인 적강재단의 수익사업(임대사업)부문의 소득금액도 10억원이다. (주)연우전자는 올해 수입금액 10억원 전부를 연우문화재단(지정기부금단체)에 기부했다. 이런 경우 (주)연우전자의 법인세는 어떻게 되는지 질문하고 있다.

조언방향::

(주)연우전자가 연우문화재단에 기부한 10억원은 지정기부금으로 본다. 따라서 지정기부금의 법인세법상 손금한도인 10%(1억원)만이 손금으로 인정되고 한도초과액 9억원은 손금불산입이 된다. 따라서 손금불산입된 9억원은 법인세를 부담해야 한다.

이론정리 및 심화학습

| 한도초과액 이월손금 |

영리법인이 비영리법인에 지출한 지정기부금은 법인세법상 한도내의 금액만 손금산입된다. 그리고 손금불산입된 금액은 소멸되지 않고 10년간 이월손금으로 추가 손금산입될 수 있다. 따라서 (주)연우전자의 손금불산입된 지정기부금 한도초과액 9억원은 10년간에 걸쳐 이월손금으로 인정된다.

> 작은사례

이러한 설명에 고유준씨는 지정기부금 한도초과액인 9억원이 10년간 이월손금으로 인정된다는 것이 무슨 소리인지 잘 모르겠다고 한다.

올해 지정기부금 한도초과액 9억원이 10년간 이월손금으로 인정된다는 것은 다음해 (주)연우전자의 소득금액이 20억원이고 지정기부금의 지출이 없다고 가정하면 손금불산입된 9억원중 소득금액(20억원)의 10%인 2억원을 한도로 손금추인된다. 그리고 2억원의 손금추인후 남은 손금불산입액 7억원은 남은 9년동안 계속하여 이월손금으로 산입할 수 있다.

구 분	1차년도	2차년도
① 수입금액	10억원	20억원
② 지정기부금 한도액	1억원	2억원
③ 지정기부금 지출액	10억원	0
④ 지정기부금 손금부인액(②-③)	9억원	0
⑤ 이월손금 추인액	-	2억원
⑥ 이월잔액	9억원	7억원

3 CASE 기부금과 고유목적사업준비금 (2)고유목적사업준비금

사례연구::

이러한 조언에 학구적인 고유준씨는 적강재단의 수익사업에서 발생한 10억원의 임대수익 전액을 고유목적사업준비금으로 설정했다면 법인세는 어떻게 되는지 알려달라고 하고 있다. 머리좋은 고유준씨는 기부금과 고유목적사업준비금의 차이비교를 통해 고유목적사업준비금을 보다 깊히 이해하려고 한다.

조언방향::

비영리법인이 수익사업에서 발생한 소득금액 전액에 대해 고유목적사업준비금을 설정했다고 하더라도 수익사업소득(임대소득)금액의 50%(5억원)가 고유목적사업준비금 설정한도이다. 따라서 고유목적사업준비금 설정한도 초과액 5억원은 손금불산입되어 법인세를 부담해야 한다.

이론정리 및 심화학습

| 고유목적사업준비금 한도초과액 |

작은사례

이러한 조언에 고유진씨는 적강재단의 경우도 (주)연우전자처럼 고유목적사업준비금 한도초과액인 5억원이 이월손금으로 인정되어 앞으로 10년간 발생할 수익사업에서 손금추인되는지 확인하고 있다.

그렇지 않다. 영리법인의 지정기부금 한도초과액은 이월손금이 인정되지만 비영리법인의 고유목적사업준비금의 한도초과액은 이월손금이 인정되지 않고 소멸한다.

[이월손금 인정여부]

구 분		한도초과액
영리법인	지정기부금	10년간 이월손금 가능
비영리법인	고유목적사업준비금	이월불가 소멸

| 고유목적사업준비금의 사용 |

수익사업에서 전입한 고유목적사업준비금은 5년이내에 고유목적사업에 직접 사용하거나 지정기부금으로 지출해야한다. 사용하지 않거나 미달사용한 경우 5년이 되는 사업연도에 익금산입하여 법인세를 과세하며 이자상당액도 추징한다. 고유목적사업준비금의 사용에 대해서는 뒤에서 자세히 살펴보기로 한다.

4 CASE 고유목적사업준비금 설정대상

사례연구 ::

비영리법인의 경우 고유목적사업준비금을 설정하면 손금으로 인정받아 법인세절세효과가 크다는 것을 알게 된 고유준씨는 자신의 아내가 근무하는 코로나백신협의회는 사단으로 법인설립등기를 하지 않아 법인격을 갖고 있지 않다. 고유준씨는 고유목적사업준비금을 설정할수 있는 비영리법인의 범위에 대해 문의하고 있다. 반드시 법인격을 반드시 갖춰야 하는지 아니면 법인격이 없어도 비영리단체면 되는지에 대한 질문이다.

조언방향 ::

반드시 법인이어야만 하는 것은 아니다. 고유목적사업준비금의 설정은 비영리법인을 주요대상으로 하지만 법인격 없는 단체도 설정대상이 되는 경우가 있다.

이론정리 및 심화학습

| 고유목적사업준비금 설정가능 비영리법인 |

(1) 비영리법인

비영리내국법인은 고유목적사업준비금을 설정할수 있다.

(2) 법인격 없는 단체중 가능단체

법인격이 없는 단체지만 세법상 법인으로 보는 단체중 고유목적사업준비금을 설정할수 있는 단체는 다음과 같다.

① 법인세법에 의한 지정기부금대상단체
② 법령에 의해 설치된 기금
③ 공동주택의 입주자대표회의, 임차인대표회의등과 유사한 관리기구

[법인격 없는 단체의 고유목적사업준비금 설정가능 여부]

구 분			고유목적사업준비금 설정
법인격 없는 단체	세법상 법인으로 보는 단체	당연 법인으로 보는 단체	① 지정기부금단체, 법령상 설치된 기금, 아파트 입주자대표회의등 설정가능 ② 그 外 설정불가능
		신청승인에 의해 법인으로 보는 단체	
	법인으로 보지 않는 단체 (거주자 의제)		설정불가능

| 법인으로 보는 단체 |

법인격 없는 단체지만 세법상 법인으로 보는 단체는 다음과 같다.

(1) 당연 법인으로 보는 단체

> 다음에 해당하는 단체로 수익을 구성원에게 배분하지 않는 단체는 법인으로
> 보아 세법을 적용한다.
> ① 주무관청의 허·인가를 받아 설립하거나 법령에 따라 주무관청에 등록한
>   사단, 재단, 그 밖의 단체로서 (법인설립)등기되지 않은 것
> ② 공익을 목적으로 출연된 기본재산이 있는 재단으로서 등기되지 않은 것

(2) 신청·승인에 의해 법인으로 보는 단체

당연법인으로 보는 위의 단체외에 아래의 요건을 모두 갖춘 단체(사단, 재단, 그밖에 단체)로서 대표자(또는 관리인)가 관할세무서장에게 신청하여 승인을 얻은 경우에도 법인으로 보아 세법을 적용한다.

> ① 단체의 조직과 운영에 대한 규정을 가질 것, 그리고 대표자(또는 관리인)를
>   선임하고 있을 것
> ② 단체 자신의 계산과 명의로 수익과 재산을 독립적으로 소유, 관리할 것
> ③ 단체의 수익을 구성원에게 배분하지 않을 것

NOTE 1

위의 법인으로 보는 단체 중 법인세법상 지정기부금단체로 지정된 경우에만 고유목적사업준비금을 설정할 수 있다.

[법인으로 보는 단체와 준비금 설정]

구 분		고유목적사업준비금
법인으로 보는 단체중	지정기부금 단체	설정가능
	지정기부금대상 단체 아님	설정불가

> 작은사례

학구적인 고유준씨는 고유목적사업준비금설정이 불가능한 법인격없는 단체가 수익사업에서 발생한 소득을 고유목적사업에 사용하게 되면 전혀 혜택이 없는지 계속 질문하고 있다.

법인으로 보는 단체중 고유목적사업준비금을 설정할 수 없는 단체가 수익사업에서 발생한 소득을 고유목적사업에 지출하는 금액은 지정기부금으로 본다. 따라서 고유목적사업준비금은 설정할수 없지만 지정기부금으로 보아 한도이내의 금액은 수익사업의 손금으로 본다.

NOTE 2

위의 작은사례와 관련해서는 **2장 사례연구 6번(지정기부금단체가 아닌 경우)**를 다시 한번 복습하기 바란다.

5 CASE 고유목적사업준비금의 설정한도

> **사례연구::**
> 자세하고 자상한 조언에 고유목적사업준비금의 개념에 대해 완전히 숙지한 고유준씨는 적강재단의 수익사업(임대사업)에 대한 고유목적사업준비금 설정한도가 소득금액의 50%라고 하자 비영리법인은 모두 일률적으로 수익사업 소득금액에 대해 50%만 설정가능한지 문의하고 있다.
>
> **조언방향::**
> 그렇지 않다. 비영리법인의 수익사업 소득별로 고유목적사업준비금 설정비율이 다르다. 아래에서 자세히 알아보자.

이론정리 및 심화학습

| 이자소득에 대한 설정한도 |

일반적인 이자소득에 대해서는 전액(100%) 고유목적사업준비금 설정대상이다. 단, 비영업대금의 이익은 50%만 설정가능하다. 비영업대금의 이익이란 금전의 대여를 사업목적으로 하지 않는 자가 일시적 우발적으로 금전을 대여함으로 지급받는 이자를 말한다.

| 이자소득의 범위 |

이자소득을 열거하면 다음과 같다.

> ① 국가, 지방자치단체가 발행한 채권, 증권의 이자와 할인액
> ② 내국법인이 발행한 채권, 증권의 이자와 할인액
> ③ 국내에서 받는 예금등의 이자
> ④ 신용계 또는 신용부금으로 인한 이익
> ⑤ 외국법인 국내지점(또는 국내영업소)에서 발행한 채권, 증권의 이자와 할인액
> ⑥ 외국법인이 발행한 채권, 증권의 이자와 할인액
> ⑦ 국외에서 받는 예금의 이자
> ⑧ 채권 또는 증권의 환매조건부 매매차익
> ⑨ 저축성보험차익(요건 갖춘 장기성보험차익과 종신형 연금보험 제외)
> ⑩ 직장공제회 초과반환금
> ⑪ 비영업대금의 이익
> ⑫ ①~⑫의 소득과 유사한 소득으로 금전사용에 따른 대가로서의 성격이 있는 것
> ⑬ ①~⑬중에 해당하는 소득을 발생시키는 거래 또는 행위와 이자소득으로 보는 파생상품의 거래 또는 행위로부터의 이익

| 배당소득에 대한 설정한도 |

배당소득에 대해서도 일반적으로 전액(100%) 고유목적사업준비금을 설정할 수 있다.

배당소득을 열거하면 다음과 같다.

① 내국법인으로부터 받는 이익이나 잉여금의 배당 또는 분배금
② 법인으로 보는 단체로부터 받는 배당금 또는 분배금
③ 의제배당
④ 법인세법에 의해 배당으로 처분된 금액
⑤ 국내외에서 받는 집합투자기구로부터의 이익
⑥ 국내외에서 받는 파생결합증권 또는 파생결합사채로부터의 이익
⑦ 외국법인으로부터 받는 이익이나 잉여금의 배당 또는 분배금
⑧ 국세조세조정에 관한 법률에 따라 배당받은 것으로 간주된 금액
⑨ 공동사업에서 발생한 소득금액중 출자공동사업자의 손익분배비율에 해당하는 금액
⑩ ①~⑨의 소득과 유사한 소득으로서 수익분배의 성격이 있는 것
⑪ ①~⑩에 해당하는 소득을 발생시키는 거래(행위)와 배당소득으로 보는 파생상품의 거래 또는 행위로부터의 이익

| 금융소득외 수익사업소득에 대한 설정한도 |

(1) 원칙 : 소득금액의 50%

위의 금융소득(이자, 배당소득)외의 수익사업에서 발생한 소득에 대해서는 원칙적으로 소득금액의 50%를 고유목적사업준비금으로 설정할 수 있다.

(2) 예외1 : 소득금액 80% 설정법인

고유목적사업등에 지출한 금액중 50%이상을 장학금으로 지급한 비영리법인(공익법인의 설립 운영에 관한 법률에 따라 설립된 법인이어야 함)은 금융소득외 수익사업 소득금액의 80%를 고유목적사업준비금으로 설정할 수 있다.

(3) 예외2 : 소득금액 100% 설정법인

조세특례제한법 74조에 해당하는 학교법인, 사회복지법인, 의료기관등은 2022년 12월 31일까지 금융소득外 수익사업 소득금액 전액(100%)을 고유목적사업준비금으로 설정할수 있다.

[고유목적사업준비금 설정가능비율]

구 분	설정가능비율	비 고
이자소득	100%	비영업대금의 이익은 50%
배당소득	100%	증여세 부과되는 주식등으로부터 받은 배당소득 제외
그 外 수익사업소득	50%	일반적인 경우
	80%	고유목적사업지출액 50%이상을 장학금으로 지출하는 비영리법인
	100%	조특법 74조에 의한 학교법인, 사회복지법인, 의료법인등

NOTE 1 준비금 설정제외 배당소득

다만, 상속세 및 증여세법에 의해 과세가액에 산입되거나 증여세가 부과되는 주식등으로부터 받은 배당소득금액은 고유목적사업준비금 설정대상에서 제외한다는 것에 유의해야 한다.

NOTE 2 조합원 대출 융자금

특별법에 의해 설립된 비영리내국법인이 해당 법률에 따른 복지사업으로써 그 회원이나 조합원에게 대출한 융자금에서 발생한 이자소득에 대해서도 전액 고유목적사업준비금 설정이 가능하다. 이는 원칙적으로는 이자소득이 아닌 사업소득이지만 이자소득으로 보아 100% 설정 가능하도록 혜택을 주는 것이다.

6 CASE 고유목적사업준비금과 결산조정

사례연구 ::

이러한 조언에 적강재단의 고유준씨는 수익사업에서 발생한 임대소득 2억원중 50%인 1억원을 고유목적사업준비금으로 설정하기로 하였다. 그리고 설정한 고유목적사업준비금은 5년내에 고유목적사업에 사용해야 하기 때문에 가능한 한 빨리 고유목적사업에 지출하고자 한다. 이를 결산조정에 의할 경우 실무자로서 알아야 할 절차상 흐름에 대해 자세히 알려달라고 하고 있다.

조언방향 ::

결산조정에 의해 고유목적사업준비금을 설정·사용하는 경우 우선 수익사업회계에서 준비금을 설정한 후 (고유)목적사업회계로 전출해야한다. 그런 다음 목적사업회계에서 준비금을 고유목적사업에 지출하는 형태가 되어야 한다. 이러한 흐름을 심화학습에서 천천히 따라가 보자.

이론정리 및 심화학습

| 결산조정(장부반영) |

(1) 수익사업회계에서 준비금 설정시

결산조정시 수익사업에서 발생한 소득의 50%인 1억원을 고유목적사업준비금으로 설정(결산조정)하는 경우 장부에 다음과 같은 회계처리를 반영하여야 한다.

[수익사업 회계]

   (차) 고유목적사업준비금전입액   1억원 - 수익사업 손금인식
         (대) 고유목적사업준비금   1억원 - 수익사업 부채로 인식

(2) 수익사업회계에서 목적사업회계로 전출시

설정한 고유목적사업준비금을 5년이내에 고유목적사업에 사용하려면 우선 수익사업회계에서 설정한 고유목적사업준비금을 (고유)목적사업회계로 전출시켜야 한다. 그러한 사전적 절차가 있어야 (고유)목적사업회계에서 고유목적사업을 위해 지출할 수 있기 때문이다. 수익사업회계에서 적립한 고유목적사업준비금 1억원을 (고유)목적사업회계로 전출한 경우 다음과 같은 회계처리를 해야 한다.

[수익사업 회계]

   (차) 고유목적사업준비금   1억원 - 수익사업 준비금(부채)상계
         (대) 현 금   1억원 - 수익사업 자산의 감소

[목적사업 회계]

   (차) 현 금   1억원 - 목적사업 자산증가
         (대) 고유목적사업준비금   1억원 - 목적사업 준비금(부채) 증가

(3) 고유목적사업준비금 사용시

적강재단이 (고유)목적사업회계에서 준비금 1억원을 고유목적사업에 사용하였다면 다음과 같은 회계처리를 해야 한다.

[목적사업 회계]

① 고유목적사업비 지출 분개

   (차) 고유목적사업비   1억원 – 목적사업 지출발생

           (대) 현 금   1억원 – 목적사업 자산의 감소

② 고유목적사업준비금(부채) 소멸분개

   (차) 고유목적사업준비금   1억원 – 목적사업 준비금(부채) 감소

           (대) 고유목적사업준비금환입   1억원 – 목적사업 수입발생

7 CASE 고유목적사업준비금과 신고조정

> **사 례 연 구 ::**
>
> 고유목적사업준비금의 설정시 원칙적으로 장부에 반영하여 결산조정하는 경우의 회계처리에 대한 조언에 고유준씨는 고마워하고 있다. 그런데 고유준씨는 공익법인중 외부회계감사대상은 고유목적사업준비금을 장부에 반영(결산조정)하지 않고 세무신고시 신고조정으로 할수도 있다는 조언에 어떤 경우인지 질문하고 있다.
>
> **조 언 방 향 ::**
>
> 고유목적사업준비금은 장부에 반영하여 결산조정하는 것이 원칙이지만 예외적으로 신고조정을 할 수도 있다. 이러한 신고조정은 외부회계감사를 받는 비영리내국법인에 한해 허용되고 있다. 아래에서 자세히 살펴보자.

이론정리 및 심화학습

| 외부회계감사대상 비영리법인 |

외부감사인의 회계감사를 받는 비영리내국법인은 고유목적사업준비금 설정시 장부에 반영하는 결산조정이 아닌 신고조정에 의해 가능하다.

즉, 장부에 반영하지 않고 법인세 신고시 고유목적사업준비금을 세무조정계산서상에 계상하고 그 금액만큼을 이익처분시 고유목적사업준비금으로 적립한 경우 손금으로 인정받을 수 있다.

[결산조정과 신고조정]

구 분		
고유목적사업 준비금설정	원 칙	결산조정
	예 외	신고조정 (외부감사대상 비영리내국법인)

| 일반기업회계기준과 고유목적사업준비금 |

일반기업회계기준에서는 법인세법에서 허용하고 있는 고유목적사업준비금을 인정하지 않는다. 따라서 외부감사대상인 비영리법인은 원칙상 고유목적사업준비금을 결산조정 할 수 없었다. 이런 이유 때문에 외부감사대상인 비영리법인은 고유목적사업준비금을 장부상 반영하지 않더라도 이익처분시 고유목적사업준비금으로 적립한 경우에는 손금으로 계상한 것으로 본다. 이를 신고조정이라고 한다.

| 공익법인회계기준과 고유목적사업준비금 |

고유목적사업준비금의 설정은 일반기업회계기준에서 인정되지 않지만 상속세 및 증여세법상 공익법인에 적용되는 「공익법인회계기준」에서는 고유

목적사업준비금전입액을 비용으로 그리고 고유목적사업준비금을 부채로 인식할 수도 있다. 즉 공익법인은 결산조정과 신고조정을 선택할 수 있다.

[신고조정 허용여부]

구 분	결산조정·신고조정
법인세법	결산조정 원칙 단, 외부감사대상은 신고조정 허용
기업회계기준	신고조정만 인정
공익법인회계기준	결산조정·신고조정 선택가능

8 CASE 신고조정에 의한 설정·사용

> **사 례 연 구 : :**
>
> 신고조정에 대한 설명을 듣고 고유준씨가 알아보니 적장재단도 「공익법인회계기준」 적용대상이라는 것을 확인했다. 따라서 고유준씨는 적강재단의 고유목적사업준비금 설정을 신고조정에 의해 하는 경우도 검토하기로 하고 신고조정에 의한 회계처리는 어떻게 하는지 문의하고 있다. 고유목적사업준비금의 설정액은 1억원이며 바로 다음해 고유목적사업에 지출할 것이다.
>
> **조 언 방 향 : :**
>
> 앞에서 학습한 결산조정에 의한 고유목적사업준비금의 설정·사용의 흐름을 잘 기억하면서 신고조정을 심화학습에서 따라가 보자. 차이점을 잘 비교해보기 바란다.

이론정리 및 심화학습

| 고유목적사업준비금 설정시(신고조정) |

적강재단이 수익사업에서 발생한 소득중 50%인 1억원의 고유목적사업준비금을 신고조정에 의해 설정하는 경우 장부상 회계처리는 없다. 단 이익처분에 의한 고유목적사업준비금의 적립이 필요하다.

| 수익사업회계 – 잉여금처분 |

장부에 고유목적사업준비금 전입액이라는 비용(손금)을 반영하지 않고 잉여금처분만 한다. 그리고 세무신고시 세무조정계산서상에 손금으로 신고하여 절세혜택을 받게 된다.

[수익사업 회계]

 (차) 미처분이익잉여금   1억원 – 수익사업 잉여금 감소
   (대) 고유목적사업준비금 1억원 – 수익사업 준비금(잉여금) 적립

| 수익사업에서 목적사업으로 전출시 |

잉여금처분에 의한 고유목적사업준비금을 고유목적사업에 사용하기 위해 1억원을 수익사업회계에서 목적사업회계로 전출한 경우에는 다음과 같은 회계처리를 해야 한다.

[수익사업 회계]

 (차) 고유목적사업준비금 1억원 – 수익사업 잉여금 감소
   (대) 현　금   1억원 – 수익사업 자산의 감소

[목적사업 회계]

 (차) 현　금   1억원 – 목적사업 자산증가
   (대) 고유목적사업준비금 1억원 – 목적사업 준비금(잉여금) 증가

| 고유목적사업준비금의 지출시 |

적강재단이 목적사업회계에서 현금 1억원을 고유목적사업에 사용하였다면 다음과 같은 회계처리를 해야한다.

① 목적사업 사업비 지출분개

[목적사업 회계]

 (차) 고유목적사업비   1억원 - 목적사업 지출발생
   (대) 현 금   1억원 - 목적사업 자산의 감소

② 고유목적사업준비금(잉여금) 소멸분개

 (차) 고유목적사업준비금   1억원 - 목적사업 잉여금 감소
   (대) 고유목적사업준비금환입   1억원 - 목적사업수입발생

| 선입선출법(FIFO First – In First – Out) |

고유목적사업준비금을 고유목적사업에 사용하는 경우 먼저 적립한 고유목적사업준비금부터 사용한 것으로 본다. 즉 고유목적사업준비금의 사용은 선입선출법이다.

9 CASE 비영리법인과 공익법인

사례연구 : :
결산조정과 신고조정에 대한 설명에 고유준씨는 이해하기가 쉽지 않아 복습을 반복해야겠다고 생각하고 있다. 학습하던 고유준씨는 비영리법인과 공익법인의 차이점에 대해서도 헷갈리고 있다. 비영리법인이나 공익법인이나 그게 그거 아니냐는 생각이다.

조언방향 : :
그렇지 않다. 비영리법인은 법인세법에서 규정하고 있는 법인으로 대상은 매우 넓다. 반면 공익법인은 비영리법인중 '상속세 및 증여세법'에서 규정하고 있는 공익을 목적으로 하는 법인에 한한다. 따라서 공익법인보다 비영리법인의 범위가 훨씬 넓다.

이론정리 및 심화학습

[법인세법상 비영리법인]

구 분	종 류
법인세법상 비영리법인	민법(32조)에 의해 설립된 법인
	특별법(사립학교법등)에 의해 설립된 법인
	국세기본법에서 법인으로 보는 단체

[상속세 및 증여세법상 공익법인]

구 분	종 류
상증법상 공익법인	① 종교법인(종교의 보급 기타 교화에 현저히 기여하는 사업) ② 학교법인, 유치원(초중등교육법, 고등교육법, 유아교육법에 의한) ③ 사회복지법인(사회복지사업법의 규정에 의한) ④ 의료법인(의료법에 따른) ⑤ 그 外 법인세법, 소득세법에 의해 인정된 기부금단체등

| 비영리법인과 공익법인의 범위 |

비영리법인의 범위가 공익법인보다 훨씬 넓다. 공익법인은 비영리법인의 부분집합이다.

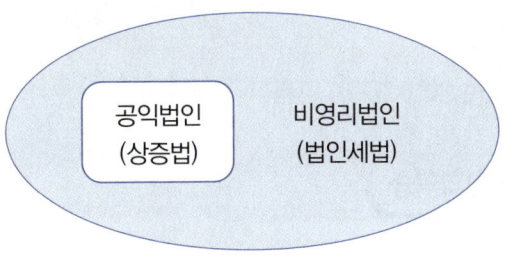

10 CASE 공익법인회계기준의 적용범위

사례연구 : :

이러한 조언에 고유준씨는 학교법인, 의료법인등의 법인들도 공익법인회계기준에 의해 회계처리해야 하는지 의문스러워 하면서 묻고 있다. 학교와 병원등은 비영리법인중에서도 특수한 분야로 동일한 회계기준을 적용할 수 없을 것 같다는 생각에서이다.

조언방향 : :

공익법인이라고 다 공익법인회계기준을 적용받는 것은 아니다. 학교법인, 의료법인등은 특수성이 있어 공익법인회계기준이 아닌 사학기관 재무·회계규칙, 의료기관회계기준 규칙등을 적용하고 있다.

이론정리 및 심화학습

| 공익법인회계기준 적용대상 |

학교법인, 의료법인등의 공익법인과 일정규모미만의 소규모 공익법인도 공익법인회계기준 적용대상에서 제외된다. 따라서 「공익법인회계기준」이 적용되는 공익법인은 외부감사대상공익법인과 결산서류 공시 공익법인에 한한다.

[공익법인회계기준 적용여부]

공익법인	공익법인회계기준
① 외부감사, 결산서류 공시 공익법인	적 용
② 학교법인, 의료법인등	적용하지 않음
③ 소규모 공익법인(①, ② 외 공익법인)	

작은사례

공익법인이라고 모두 「공익법인회계기준」을 적용하는 것이 아니라 상증법상 외부감사대상 공익법인과 결산서류 공시 공익법인만이 적용대상이라는 조언에 적강재단도 해당되는지 확인하고 싶은 고유준씨는 빨리 그 대상범위를 알려달라고 재촉하고 있다.

상증법에 의한 공익법인은 외부감사인에게 감사를 받아야 한다. 다만 다음에 모두 해당하는 소규모 공익법인은 감사대상에서 제외한다.
① 총자산 100억 미만일 것
② 당해연도 수입금액과 출연받은 재산가액의 합계가 50억원 미만일 것
③ 당해연도 출연받은 재산가액이 20억원 미만일 것

그리고 총자산 5억원이상 또는 수입금액 3억원이상의 공익법인(결산서류 공시 공익법인)은 사업연도(또는 과세기간) 종료일로부터 4개월이내에 결산서류등을 국세청홈페이지에 공시해야 한다.

| 공시 결산서류 |

결산서류공시 공익법인이 공시해야 하는 결산서류는 다음과 같다.
① 재무제표
② 기부금 모집 및 지출내용
③ 해당 공익법인등의 대표자, 이사, 출연자, 소재지 및 목적사업에 관한 사항
④ 출연재산의 운용소득 사용명세
⑤ 회계감사 대상 공익법인은 감사보고서와 감사보고서에 첨부된 재무제표
⑥ 주식보유현황등

NOTE

공익법인이 외부회계감사의무 및 결산서류 공시의무를 이행할 때에는 공익법인회계기준을 따라야 한다.

11 CASE 고유목적사업준비금의 사용(1)인건비

사례연구::

고유준씨의 적강재단은 검토끝에 신고조정에 의해 1억원의 고유목적사업준비금을 적립한 후 이의 사용에 대해 고민하고 있다. 적강재단의 이선교이사장은 세계선교에 탁월한 영향력을 행사할 수 있고 선교모금에도 일가견이 있는 유명한씨를 영입하는 비용(급여)으로 쓰려고 하고 있다. 유명한씨의 영입에는 최소 연봉 1억원은 필요하다. 그것도 유명한씨는 현재 직장에서 2배이상 받고 있지만 좋은 뜻에 동참하고자 내린 결정이다.

반면 관리이사 나관리씨는 목적사업부문의 사무실이 너무 협소하고 임대료도 비싸니 사무실 구입하는데 1억원을 보태자고 주장하고 있다. 고유준씨는 인건비나 부동산등의 구입에 사용한 비용도 고유목적사업준비금의 사용으로 인정되는지에 대해 확인하듯 물어보고 있다.

조언방향::

고유목적사업준비금의 사용에는 유형자산, 무형자산의 취득비용과 인건비등이 포함되는데 이에 대한 제한규정이 있다. 심화학습에서 살펴보자.

이론정리 및 심화학습

| 고유목적사업준비금의 사용 |

설정된 고유목적사업준비금은 고유목적사업에 사용해야 하는데 이때 고유목적사업이란 비영리내국법인의 법령 또는 정관에 따른 설립목적을 직접 수행하는 사업으로 법인세법에 의한 수익사업外의 사업을 말한다.

| 인건비지출 제한 |

고유목적사업의 수행에 직접 소요되는 인건비는 원칙적으로 고유목적사업준비금의 사용으로 본다. 그러나 특정장학재단등과 사회복지법인등에 대해서는 년(年) 8,000만원을 초과하는 임직원의 급여에 대해서는 고유목적사업준비금의 사용으로 보지 않는다. 다만 초과인건비에 대해 주무관청으로부터 승인을 받은 경우에는 고유목적사업준비금의 사용으로 본다.

| 인건비제한 대상 비영리법인 |

임직원에 대해 년(年)8,000만원의 인건비제한을 받은 장학재단등과 사회복지법인등은 고유목적사업준비금 설정한도가 수익사업의 50%가 아닌 80%(또는 100%)인 비영리내국법인이다. 이는 고유목적사업준비금 설정혜택을 많이 주는 만큼 규제도 까다롭게 하는 것인데 이에 해당하는 법인은 다음과 같다.

(1) 준비금 80% 설정가능 장학재단등

『공익법인의 설립운영에 관한 법률』에 따라 설립된 법인으로서 고유목적사업등에 대한 지출액중 50%이상을 장학금으로 지출하는 장학재단등은 수익사업소득의 80%까지 고유목적사업준비금설정이 가능하다.

(2) 준비금 100% 설정가능 사회복지법인, 장학재단

① 『사회복지법』에 의한 사회복지법인
② 『공익법인의 설립운영에 관한 법률』에 따라 설립된 법인으로서 고유목적사업등에 대한 지출액중 80%이상을 장학금으로 지출하는 법인

위 ①, ②의 사회복지법인과 장학재단은 조세특례제한법(74조)에 의해 수익사업소득의 100%까지 고유목적사업준비금설정이 가능하다.

NOTE

80%, 100%의 준비금 설정가능 공익법인들도 수익사업 소득금액의 50%를 초과하여 고유목적사업준비금으로 손금산입하는 경우에만 인건비 제한을 받는다.

작은사례

이러한 조언에 나사복씨가 근무하는 사회복지법인은 조특법에 의해 수익사업 소득금액의 100%까지 고유목적사업준비금 설정이 가능하지만 수익사업 소득금액의 50%이내에서 고유목적사업준비금을 설정하면 인건비 제한규

정에 해당하지 않는다는 것인지 나사복씨는 확인하듯 질문하고 있다.

그렇다. 해당사업연도에 수익사업 소득금액의 50%를 초과하여 고유목적사업준비금으로 손금산입하는 비영리법인에 한하여 인건비제한을 받는다.

| 인건비 제한여부 |

[인건비 고유목적사업준비금 사용 인정여부]

구 분			고유목적사업준비금 사용 인정여부
지출 인건비	50%를 초과하여 준비금 설정(80%, 100%)하는 장학재단, 사회복지법인	8,000만원 초과	초과분 준비금 사용으로 불인정(주)
		8,000만원 이하	준비금 사용으로 인정
	그 外 비영리법인	인건비 제한 없음	

(주) 단, 주무관청의 승인을 얻은 경우 인정

12 CASE 고유목적사업준비금의 사용 (2) 부동산등의 취득

> **사례연구 : :**
>
> 이러한 인건비제한에 대한 조언에 고유준씨는 목적사업 사무실용 오피스텔 구입에 1억원을 보태자는 나이사의 의견에 동의하고 있다. 우선 고유목적사업준비금을 사용하여 미사용에 따른 추징을 피하고 난 다음 그 다음해라도 팔아서 다른 용도로 쓰던지 아니면 수익용으로 사용하면 되지 않느냐는 얄팍한 생각이다.
>
> **조언방향 : :**
>
> 위험하다. 2018년2월13일 이후부터 고유목적사업준비금의 사용으로 취득한 유형자산등을 고유목적사업에 3년이상 직접 사용하지 않고 처분한 경우에는 고유목적사업준비금을 고유목적사업에 사용한 것으로 보지 않는다.

이론정리 및 심화학습

| 유형자산 취득시 주의사항 |

고유목적사업준비금의 사용으로 취득한 유형자산을 3년이상 고유목적사업에 사용하지 않고 처분한 경우 고유목적사업준비금의 사용으로 보지 않기 때문에 준비금 설정으로 손금산입된 금액에 대해 법인세 추징은 물론 이자상당액을 과세당할 위험이 있다.

또한 양도한 유형자산 자체도 고유목적사업에 3년이상 사용하지 않으면 양도차익에 대해 법인세도 과세된다.

[준비금 사용으로 취득한 유형자산]

구 분	고유목적사업에	세무문제
준비금 사용으로 취득한 유형자산을	3년 이상 사용	문제 없음
	3년 이내 처분	준비금 미사용으로 보아 미사용에 대한 법인세와 이자상당액 추징
		양도차익에 대해 법인세 과세

작은사례 1

이러한 조언에 고유준씨는 고유목적사업용 오피스텔을 구입하지 않고 전세로 임차하는 경우 그 임차보증금의 지급도 고유목적사업준비금의 사용으로 보는지에 대해서 계속 문의하고 있다.

고유목적사업에 직접 사용할 사무실의 임차보증금 지급도 고유목적사업준비금의 사용으로 본다.

작은사례 2

이러한 논란에 머리 아픈 적강재단의 이사장은 차라리 고유목적사업준비금을 고유목적사업부문의 기본재산으로 편입하여 장기적인 관점에서 운영하는 것이 어떤지 의견을 제시하고 있다.

좋은 의견이 아니다. 고유목적사업준비금을 목적사업부문의 기본재산으로 편입하는 것은 고유목적사업준비금의 사용으로 보지 않는다.

> 작은사례 3

적강재단은 결론이 나지 않자 차라리 요즘 사정이 어려운 자매재단인 유적장학재단에 지정기부금으로 기부하려고 한다. 이런 경우에도 고유목적사업준비금의 사용으로 보는지 고유준씨는 문의하고 있다.

그렇다. 비영리내국법인이 설정한 고유목적사업준비금에서 지정기부금을 지출하는 경우 고유목적사업준비금의 사용으로 본다.

> 작은사례 4

이러한 조언에 고유준씨는 고유목적사업준비금의 설정과 회계처리도 어렵지만 법인세법 규정에 맞게 고유목적사업준비금을 사용하는 것도 쉽지 않다는 것을 깊이 느끼고 있다. 고유준씨는 다시 한 번 고유목적사업준비금 지출시 주의해야겠다고 생각하고 있다.

좋은 자세이다. 고유목적사업회계에서의 지출이 법인세법상 고유목적사업준비금 사용으로 보는지에 대해 매우 다양한 사례들이 있다. 실무적으로 발생하는 사례들을 보면 미묘한 경우도 있기 때문에 이에 대해서는 과세관청이나 전문가집단의 의견을 수렴한 후 처리해야 세무상 불이익을 방지할 수 있다.

13 CASE 고유목적사업준비금을 먼저 사용하는 경우

사례연구 : :

빛과 소금 선교재단과 선의의 선교경쟁을 하는 글로벌 선교재단은 올해 고유목적사업준비금의 설정잔액이 2억원뿐인데 공격적이고 글로발한 선교사업(고유목적사업)에 3억원을 사용하였다. 글로발 선교재단의 이사인 토니 킴은 이런 경우 올해 설정할 고유목적사업준비금에서 미리 사용한 것으로 볼 수는 없는지 살짝 물어보고 있다. 즉 고유목적사업준비금은 반드시 설정한 후 그 이후연도에나 사용가능한 것인가에 대한 문의이다. 토니 킴은 설정도 하기전에 미리 사용한 것을 인정해 주는 것은 아마 어렵지 않겠냐고 생각하고 있다.

조언방향 : :

가능하다. 법인세법에서는 비영리법인이 고유목적사업이나 지정기부금에 지출한 금액이 직전사업연도 종료일 현재 고유목적사업준비금 잔액을 초과한 경우에는 그 사업연도에 계상할 고유목적사업준비금에서 지출한 것으로 본다.

14 CASE 고유목적사업준비금 미사용시 불이익

사례연구 : :
적강재단은 고유목적사업준비금으로 적립한 1억원을 사용하려고 했으나 담당자 고유준씨의 퇴사와 후임자 나미숙씨의 업무미숙으로 인해 5년간 사용하지 못했다. 뒤늦게 이런 사실을 알게 된 나미숙씨는 불안해하면서 어떤 불이익이 있는지 급히 문의하고 있다.

조언방향 : :
우선 5년간 사용하지 않은 준비금 1억원을 올해 법인세 신고시 익금산입하여 법인세를 납부해야 한다. 그리고 5년간 준비금 미사용액에 대해 이자상당액도 추가로 납부해야 한다.

이론정리 및 심화학습

| 미사용 준비금의 이자상당액 계산 |

미사용한 고유목적사업준비금에 대한 이자상당액은 법인세차액에 1일 0.03%를 곱한 금액이다.

[이자상당액 계산]

법인세차액 × 1일 3/10,000

예를 들어 5년전 1억원의 고유목적사업준비금을 손금산입하여 납부한 법인세액이 8,000만원이고, 준비금 1억원을 손금산입하지 않은 경우의 법인세액이 1억원이라면 법인세차액은 2천만원(=1억원-8,000만원)이 된다. 이 법인세차액 2,000만원에 1일 3/10,000을 곱한 금액을 이자상당액으로 추가납부해야 한다.

비영리법인과 고유목적사업준비금

1. 고유목적사업준비금

비영리법인의 수익사업에서 발생한 소득은 법인세를 부담해야한다. 그러나 설정후 5년이내에 고유목적사업에 사용할 것을 전제로 준비금을 설정하면 그 설정 금액을 법인세법상 손금으로 산입하여 법인세부담을 감면한다. 이때 설정하는 준비금을 고유목적사업준비금이라고 한다.

2. 고유목적사업준비금 한도액

비영리법인의 수익사업에서 발생한 소득금액중 일정금액(50%, 80%, 100%)이 고유목적사업준비금 설정한도이다. 따라서 고유목적사업준비금 설정한도 초과액은 손금불산입되어 법인세를 부담해야 한다.

3. 한도초과액의 소멸

영리법인의 지정기부금 한도초과액은 이월손금이 인정되지만 비영리법인의 고유목적사업준비금의 한도초과액은 이월손금이 인정되지 않고 소멸한다.

[이월손금 인정여부]

구 분		한도초과액
영리법인	지정기부금	10년간 이월손금 가능
비영리법인	고유목적사업준비금	이월불가 소멸

4. 고유목적사업준비금의 사용

　수익사업에서 설정한 고유목적사업준비금은 5년이내에 고유목적사업에 직접 사용하거나 지정기부금으로 지출해야한다. 사용하지 않거나 미달사용한 경우 5년이 되는 사업연도에 익금산입하여 법인세를 과세하며 이자상당액도 추징한다.

5. 고유목적사업준비금 설정가능 비영리법인

　비영리내국법인과 법인격 없는 단체중 다음의 단체는 고유목적사업준비금을 설정할 수 있다.

[법인격 없는 단체의 고유목적사업준비금 설정가능 여부]

구 분			고유목적사업준비금 설정
법인격 없는 단체	세법상 법인으로 보는 단체	당연 법인으로 보는 단체	① 지정기부금단체, 법령상 설치된 기금, 아파트 입주자 대표회의등 설정가능 ② 그 外 설정불가능
		신청승인에 의해 법인으로 보는 단체	
	법인으로 보지 않는 단체 (거주자 의제)		설정불가능

　법인으로 보는 단체중 고유목적사업준비금을 설정할 수 없는 단체가 수익사업에서 발생한 소득을 고유목적사업에 지출하는 금액은 지정기부금으로 본다.

6. 이자소득에 대한 설정한도

일반적인 이자소득에 대해서는 전액(100%) 고유목적사업준비금 설정대상이다. 단, 비영업대금의 이익은 50%만 설정가능하다.

7. 배당소득에 대한 설정한도

배당소득에 대해서도 일반적으로 전액(100%) 고유목적사업준비금을 설정할수 있다.

8. 금융소득외 수익사업소득에 대한 준비금 설정한도

(1) 소득금액의 50%

금융소득(이자,배당소득)외의 수익사업에서 발생한 소득에 대해서는 원칙적으로 소득금액의 50%를 고유목적사업준비금으로 설정할 수 있다.

(2) 소득금액 80% 설정법인(법인세법 29조 1항 2호)

고유목적사업등에 지출한 금액중 50%이상을 장학금으로 지급한 비영리법인(공익법인의 설립 운영에 관한 법률에 따라 설립된 법인)은 금융소득外 수익사업 소득금액의 80%를 고유목적사업준비금으로 설정할 수 있다.

(3) 소득금액 100% 설정법인(조특법 74조 1항 2호, 8호)

조세특례제한법 74조에 해당하는 학교법인, 사회복지법인, 의료기관등은 2022년 12월 31일까지 금융소득外 수익사업 소득금액 전액(100%)을 고유목적사업준비금으로 설정할수 있다.

[고유목적사업준비금 설정가능비율]

구 분	설정가능비율	비 고
이자소득	100%	비영업대금의 이익은 50%
배당소득	100%	증여세 부과되는 주식등으로부터 받은 배당소득 제외
그 外 수익사업소득	50%	일반적인 경우
	80%	고유목적사업지출액 50%이상을 장학금으로 지출하는 비영리법인
	100%	조특법 74조에 의한 학교법인, 사회복지법인, 의료법인등

9. 고유목적사업준비금의 결산조정과 신고조정

고유목적사업준비금은 장부에 반영하여 결산조정하는 것이 원칙이지만 예외적으로 외부회계감사를 받는 비영리내국법인은 신고조정을 할 수 있다.

[결산조정과 신고조정]

구 분		
고유목적사업 준비금설정	원 칙	결산조정
	예 외	신고조정 (외부감사대상 비영리내국법인)

10. 비영리법인과 공익법인의 범위

비영리법인은 법인세법에서 규정하고 있는 법인으로 대상은 매우 넓은 반면 공익법인은 상속세 및 증여세법에서 규정하고 있는 공익을 목적으로 하는 법인에 한한다.

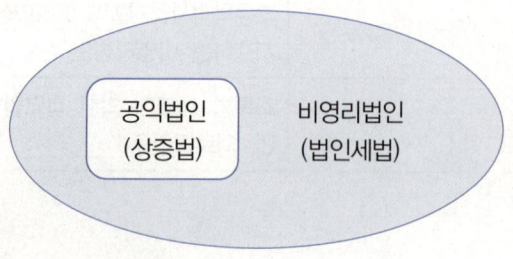

따라서 공익법인보다 비영리법인의 범위가 훨씬 넓다. 즉 공익법인은 비영리법인의 부분집합이다.

[법인세법상 비영리법인]

구 분	종 류
법인세법상 비영리법인	민법(32조)에 의해 설립된 법인
	특별법(사립학교법등)에 의해 설립된 법인
	국세기본법에서 법인으로 보는 단체

[상속세 및 증여세법상 공익법인]

구 분	종 류
상증법상 공익법인	① 종교법인(종교의 보급 기타 교화에 현저히 기여하는 사업) ② 학교법인, 유치원(초중등교육법, 고등교육법, 유아교육법에 의한) ③ 사회복지법인(사회복지사업법의 규정에 의한) ④ 의료법인(의료법에 따른) ⑤ 그 外 법인세법, 소득세법에 의해 인정된 기부금단체등

11. 공익법인회계기준 적용대상

「공익법인회계기준」이 적용되는 공익법인은 외부감사대상공익법인과 결산서류 공시 공익법인에 한한다. 소규모 공익법인과 학교법인, 의료법인등은 「공익법인회계기준」을 적용하지 않는다.

[공익법인회계기준 적용여부]

공익법인	공익법인회계기준
① 외부감사, 결산서류 공시 공익법인	적 용
② 학교법인, 의료법인등	적용하지 않음
③ 소규모 공익법인(①, ② 외 공익법인)	

12. 외부감사대상 공익법인

공익법인(상증법에 의한)은 외부감사인에게 감사를 받아야 한다. 다만 다음에 모두 해당하는 소규모 공익법인은 감사대상에서 제외한다.

① 총자산 100억 미만일 것
② 당해연도 수입금액과 출연받은 재산가액의 합계가 50억원 미만일 것
③ 당해연도 출연받은 재산가액이 20억원 미만일 것

13. 공익법인과 결산공시

총자산 5억원이상 또는 수입금액 3억원이상의 공익법인(결산서류 공시 공익법인)은 사업연도(또는 과세기간) 종료일로부터 4개월이내에 결산서류등을 국세청홈페이지에 공시해야 한다.

14. 신고조정에 의한 준비금 설정

고유목적사업준비금을 신고조정에 의해 설정하는 경우 장부상 회계처리는 없지만 이익처분에 의한 고유목적사업준비금의 적립이 필요하다.

15. 고유목적사업준비금의 사용

설정된 고유목적사업준비금은 고유목적사업에 사용해야 한다. 이때 고유목적사업이란 비영리내국법인의 법령 또는 정관에 따른 설립목적을 직접 수행하는 사업으로 법인세법에 의한 수익사업外의 사업을 말한다.

16. 지출인건비의 준비금사용 인정여부

고유목적사업 수행에 직접 소요된 인건비는 고유목적사업준비금의 사용으로 본다. 하지만 특정 비영리법인(준비금 설정한도가 50%를 초과하여 80%, 100%를 설정할 수 있는 비영리 법인)의 지출 인건비가 연간 8,000만원을 초과하는 경우 그 초과지출하는 인건비는 고유목적사업준비금 사용으로 보지 않는다.

[인건비 고유목적사업준비금 사용인정여부]

구 분		고유목적사업준비금 사용 인정여부
수익사업 소득의 50%를 초과하여 준비금 설정하는 장학재단, 사회복지법인	지출 인건비	8,000만원 초과분 불인정. 단, 주무관청 승인시 인정
그 외 비영리법인		제한없이 준비금 사용으로 인정

17. 고유목적사업준비금의 사용으로 부동산취득

고유목적사업준비금의 사용으로 취득한 유형자산을 3년이상 고유목적사업에 사용하지 않고 처분한 경우 고유목적사업준비금의 사용으로 보지 않기 때문에 손금산입된 금액에 대해 법인세와 이자상당액을 추징한다. 또한 양도한 유형자산은 고유목적사업에 3년이상 사용하지 않았기 때문에 양도차익에 대해서도 법인세가 과세된다.

[준비금 사용으로 취득한 유형자산]

구 분	고유목적사업에	세무문제
준비금 사용으로 취득한 유형자산을	3년 이상 사용	문제 없음
	3년 이내 처분	준비금 미사용으로 보아 미사용에 대한 법인세와 이자상당액 추징
		양도차익에 대해 법인세 과세

18. 고유목적사업준비금을 먼저 사용하는 경우

고유목적사업에 지출한 금액이 직전사업연도 종료일 현재 고유목적사업준비금 잔액을 초과한 경우에는 그 사업연도에 계상한 고유목적사업준비금에서 지출한 것으로 본다.

19. 고유목적사업준비금 미사용시 불이익

5년간 사용하지 않은 준비금은 법인세 신고시 익금산입하여 법인세를 납부해야한다. 그리고 5년간 미사용액에 대해 이자상당액(법인세차액에 1일 0.03%를 곱한 금액)을 추가로 납부해야 한다.

04

비영리법인과 부가가치세

1 CASE 부가가치세 일반

사례연구 : :

이번에 신설된 연우장학재단은 설립자인 고연우이사장의 출연재산에서 나오는 금융소득으로 목적사업인 장학금지급을 할 예정이다. 재단 실무자인 박연서씨는 우선 컴퓨터부터 구입하려고 하고 있다. 전자상가 매장직원은 컴퓨터는 100만원에 부가가치세 10만원 별도라고 하고 있다. 박연서씨는 우리는 장학재단이기 때문에 부가가치세와 관계없다고 강조했지만 매장직원은 그래도 부가가치세를 부담해야 한다고 심드렁하니 말하고 있다. 박연서씨는 장학재단도 부가가치세를 부담해야 하는지 이해할 수 없다며 문의하고 있다.

조언방향 : :

비영리법인의 경우 고유목적사업만 하면 부가가치세법상 면세이다. 하지만 부가가치세법상 면세사업자도 재화구입시에는 매입부가가치세를 부담해야 한다. 아래에서 살펴보자.

이론정리 및 심화학습

| 부가가치세(Value Added Tax) |

부가가치세란 거래단계에서 창출된 부가가치세에 대하여 10%의 세금을 부

과하는 것이다. 부가가치세는 보통 영어약자인 VAT로 표시한다.

> 작은사례

면세사업자가 아닌 일반사업자의 부가가치세 흐름을 살펴보자. 예를 들어 일반사업자가 300만원(VAT별도)에 구입한 재화를 500만원(VAT별도)에 판매하여 200만원의 부가가치를 올린 경우 부가가치세 부담절차는 다음과 같다.

(1) 재화를 구입할때

300만원(VAT별도)짜리 재화를 구입하는 구매자는 매입VAT 30만원을 포함한 330만원을 지급해야 한다.

| (차) 재고자산 | 300만원 | (대) 현 금 | 330만원 |
| 매입VAT | 30만원 | | |

(2) 구입재화를 판매할때

500만(VAT별도)원에 재화를 판매하는 판매자는 매출VAT 50만원을 포함하여 550만원을 받아야 한다.

| (차) 현 금 | 550만원 | (대) 매 출 | 500만원 |
| | | 매출VAT | 50만원 |

(3) 부가가치세 납부할때

부가가치세 납부시 납부할 부가가치세는 매출VAT에서 매입VAT를 공제한 금액이다.

[부가가치세 계산구조]

구 분	금 액
① 매출VAT	50만원
② 매입VAT	△30만원
③ 납부VAT(①-②)	20만원

2 CASE 비영리법인과 매입VAT

사례연구 ::
이렇게 친절한 설명에도 박연서씨는 그건 기초적인 것이라 이미 알고 있었다며 괜히 핀잔을 주고 있다. 자신이 궁금한 것은 장학재단은 장학금만 지급하기 때문에 부가가치세 과세대상이 아닌데 '왜 매입VAT를 부담하는가' 라는 것이다. 박연서씨는 장학재단이 부담한 컴퓨터 구입관련 매입VAT 10만원은 어떻게 되는지에 대해서도 의문이다.

조언방향 ::
고유목적사업만 하는 비영리법인도 매입VAT를 부담해야 한다. 부담한 매입VAT는 면세사업자인 비영리법인의 매출VAT가 없기 때문에 공제하지 못하고 취득한 재화의 취득금액에 합산한다.

이론정리 및 심화학습

| 구입시 회계처리 |

박연서씨가 컴퓨터 취득시(컴퓨터 가액 100만원, VAT 10만원) 회계처리는 다음과 같다.

(차) 컴퓨터(유형자산)　　110만원　(대) 현　금　　　　　　110만원

[고유목적사업과 매입세액]

구 분	VAT매입세액	공제여부
일반 영리법인(과세업자)	부담해야 함	매출VAT에서 공제가능
목적사업만 영위하는 비영리법인		공제불능. 취득원가에 합산

3 CASE 사업자와 부가가치세

사례연구 : :

부가가치세가 생각보다 까다롭다는 것을 알게 된 박연서씨는 정확한 이해를 위해 자신의 경험을 질문하고 있다. 얼마전 박연서씨는 5년간 타던 자동차를 친구에게 1,000만원에 팔았고 당연히 부가가치세는 받지 않았다. 그리고 자신도 차가 필요해 장안평 중고차 매장에서 2,000만원짜리 중고차를 구입하려는데 중고매매업자는 부가가치세 포함하여 2,200만원을 요구하고 있다. 박연서씨는 자신이 친구에게 중고차 팔때는 부가가치세를 받지 않았는데 무슨 소리냐며 의아해 하고 있다.

조언방향 : :

부가가치세는 기본적으로 부가가치세법상 사업자인지 아닌지를 구분하는 것이 가장 중요하다. 부가가치세법상 사업자가 아니면 그가 공급하는 재화나 용역은 부가가치세 과세대상이 아니다. 그리고 부가가치세법상 사업자이면 그 사업자가 공급하는 재화나 용역이 부가가치세법상 과세인지 면세인지를 구분해야 한다. 심화학습에서 자세히 살펴보자.

이론정리 및 심화학습

| 부가가치세 납세의무자 |

부가가치세법상 납세의무자는 「사업상 독립적으로 재화 또는 용역을 공급하는 사업자」이다. 이때 사업자라고 하면 재화나 용역을 계속·반복적으로 공급하는 경우에 한한다. 사업목적은 영리이든 비영리이든 불문한다. 따라서 비영리법인도 이에 해당하면 납세의무자가 된다.

| 박연서씨가 중고자동차를 파는 경우 |

박연서씨가 친구에게 자동차를 파는 것은 부가가치세법상 사업자의 공급으로 볼 수 없다. 왜냐하면 박연서씨는 중고자동차를 계속·반복적으로 파는 것이 아니라 일시적인 공급이기 때문이다. 따라서 박연서씨는 부가가치세법상 사업자가 아니기 때문에 부가가치세와 아무 상관 없다.

| 장안평 중고자동차 매매업자의 경우 |

하지만 장안평 중고자동차 매매업자의 경우에는 중고자동차 판매가 주업으로 계속·반복적으로 일어나는 일이기 때문에 사업성을 가지고 있다. 따라서 부가가치세법상 당연히 사업자이고 그에 의한 공급은 부가가치세 과세대상이 된다.

[부가가치세법상 사업자구분]

구 분		부가가치세법상	VAT
재화 또는 용역공급	계속, 반복적	사업자	영리목적 유무에 관계없이 과세대상
	일시적, 비반복적	비사업자	과세대상아님

> 작은사례

이러한 설명에 박연서씨는 다음과 같은 조금 얄팍한 생각이 들었다. 만일 사업자등록을 하지 않고 개인이 중고자동차를 몇 대씩 사고 팔면 되는 것 아니냐는 것이다.

부가가치세 과세대상이다. 박연서씨의 행위가 부가가치세법상 사업성이 있다고 판단되면 과세관청에서는 사업자등록여부와 관계없이 부가가치세를 과세한다.

4 CASE 비영리법인과 면세

사례연구 ::

박연서씨는 비영리법인은 면세사업자라 매입VAT를 공제를 받지 못하고 취득가액에 합산한다는 조언은 이해했다. 그런데 비영리법인이 재화나 용역을 공급하면 모든 경우에 면세로 보는 것인지 아니면 일정범위내에서만 면세를 적용받는 것인지에 대해 문의하고 있다.

조언방향 ::

비영리법인에 의한 재화나 용역의 공급이 무조건 면세가 되는 것은 아니다. 비영리법인의 고유목적사업과 관련한 공급에 대해서만 면세대상이다. 따라서 비영리법인이 수익사업을 하는 경우 그 수익사업이 부가가치세법상 과세에 해당한다면 부가가치세를 납부해야 한다. 아래에서 자세히 살펴보자.

이론정리 및 심화학습

| 비영리법인의 면세규정 |

부가가치세법상 비영리법인에 대한 부가가치세 면세규정은 다음과 같다.

『종교, 자선, 학술, 구호등의 공익을 목적으로 하는 단체(주무관청의 허·인가 받거나 주무관청 등록단체)가 **고유의 사업을 위해 일시적**으로 공급하거나 **실비 또는 무상**으로 공급하는 재화 또는 용역』

위 면세규정을 자세히 분석해보자.

(1) 고유의 사업을 위해

면세가 되기 위해서는 재화나 용역이 고유목적사업을 위해 공급되어야 한다. 만일 고유목적사업을 위한 공급이 아니라고 판단되면 부가가치세가 과세된다.

(2) 일시적 공급

재화나 용역의 공급이 일시적이어야 한다. 만일 일시적이 아니고 계속·반복적이라면 부가가치세가 과세된다.

(3) 실비 또는 무상

고유사업을 위한 비영리법인의 재화나 용역의 공급대가가 무상이거나 실비정도면 면세이다. 만일 공급대가로 실비정도가 아닌 부가가치가 발생할 정도의 금액을 받는다면 부가가치세 과세대상이 된다.

5 CASE 일시적 공급과 면세

사례연구 ::

얼마전 후원기업이 영성선교재단에게 '종교와 기업경영의 교집합'에 관한 연구를 부탁하면서 5,000만원을 후원하겠다고 하고 있다. 영성선교재단이 이에 대한 연구를 수행하여 두달후 연구보고서를 제공하자 후원기업은 5,000만원을 재단계좌로 입금하면서 세금계산서 발행을 요구하고 있다. 재단설립 이래 한번도 세금계산서를 발행한 일이 없는 영성선교재단은 당황하고 있다.

조언방향 ::

앞의 규정을 적용하여 잘 판단하여야 한다. 일단 영성선교재단의 연구용역 제공에 대한 대가는 실비를 초과하는 것으로 보인다. 따라서 위의 용역공급이 고유의 사업을 위한 일시적인 것으로 판정되면 면세가 될 수 있지만 그렇지 않다면 부가가치세가 과세될 것이다.

이론정리 및 심화학습

| 비영리법인과 VAT 면세 |

고유목적을 위한 재화 또는 용역의 공급은 일시적이거나 실비(또는 무상)인 경우에 한하여 부가가치세가 면세된다.

[고유목적사업을 위한 공급]

구 분		VAT 과세여부
고유목적을 위한 공급	일시적 or 실비(또는 무상)	면 세
	그 外	과 세
고유목적外 공급		

6 CASE 비사업자와 면세

사 례 연 구 : :

연우장학재단과는 비교가 되지 않을 정도로 대형장학재단인 다산장학재단은 올해 장학금으로 현금 10억원을 지급하였고 5,500만원(VAT 500만원포함)어치의 학습용품도 구입하여 지급하였다. 학습용품의 반응을 보아 내년에는 현물지급을 늘려갈 계획이다. 다산재단의 이다산씨는 학습용품의 지급이 부가가치세 문제는 없는지 확인하고 있다.

조 언 방 향 : :

장학재단이 장학금을 현금으로 지급하는 것은 당연히 부가가치세와 관련이 없고 현물(학습용품)을 구입하여 지급하는 것은 재화의 공급으로 볼 수도 있기 때문에 부가가치세법 규정을 잘 살펴보아야 한다. 심화학습에서 자세히 살펴보자.

이론정리 및 심화학습

| 장학금지급 |

장학재단에서 장학금을 현금(예금)으로 지급하는 것은 계속, 반복적이라고 하더라도 현금지급 자체가 재화나 용역의 공급에 속하지 않기 때문에 당연히 부가가치세와 관련 없다.

| 학습용품 지급 |

장학재단에서 장학금을 현금 대신 현물(학습용품)을 구입하여 지급하는 경우를 살펴보자. 학습용품지급은 영리목적 여부에 불문하고 재화의 공급에 해당하는 것은 확실하다. 따라서 부가가치세법상 과세, 면세여부를 살펴봐야 한다. 그런데 우리는 앞의 사례에서 비영리법인이 고유사업을 위해 일시적 or 실비(또는 무상)로 공급하는 것은 면세라는 규정을 살펴보았다. 따라서 다산장학재단의 학습용품공급은 고유사업을 위해 무상으로 공급하는 것이기 때문에 VAT 면세대상이 된다.

NOTE

만일 학습용품지급이 무상이라도 고유목적이 아닌 다른 목적으로 사용된 것으로 판정된다면 부가가치세 과세대상이 된다.

[장학금지급과 학습용품지급]

구 분			과세여부
장학금 지급			과세대상아님 (비사업자)
학습용품 지급	고유목적 관련 지급	일시적 또는 무상(실비)	면 세
		그 外	과 세
	고유목적 外 지급		

7 CASE 부가가치세의 과세기간

사례연구::
연우장학재단의 박연서씨는 나름 학구적인 면이 있다. 연우장학재단이 고유목적사업만을 하기 때문에 지금은 부가가치세와 관련 없지만 나중을 대비하여 부가가치세에 대해 정리해보려고 한다. 박연서씨는 법인세나 소득세는 대부분 1년 단위로 과세를 하는데 왜 부가가치세는 6개월을 과세단위로 하는지 문의하고 있다.

조언방향::
부가가치세는 법인세나 소득세와는 달리 6개월을 독립된 1과세기간으로 한다. 그리고 매 3개월마다 예정신고 제도가 있다. 아래에서 자세히 살펴보자.

이론정리 및 심화학습

| 부가가치세의 과세기간 |

(1) 확정신고기간

부가가치세는 일년에 두 번 상반기와 하반기 6개월을 각각 독립된 1과세기간으로 한다. 각 과세기간에 대한 부가가치세 확정신고는 신고기간이 끝난 후 다음달 25일까지 해야 한다.

[부가가치세 과세기간]

구 분	과세기간	확정신고기한
제 1 기	1월1일~6월30일	7월25일
제 2 기	7월1일~12월31일	다음해 1월25일

(2) 예정신고기간

부가가치세 과세기간 개시일로부터 3개월분에 대해서는 확정신고에 앞서 예정신고를 해야 한다.

[부가가치세 예정신고기간]

구 분	예정신고기간	예정신고기한
제 1 기	1월1일~3월31일	4월25일
제 2 기	7월1일~9월30일	10월25일

8 CASE 수익사업의 개시

사례연구 : :

금융소득으로만 장학사업을 이어오던 연우장학재단은 이자율의 하락으로 인한 수입감소로 몸살을 앓고 있다. 고민에 고민을 거듭하던 고연우이사장은 정기예금의 만기가 돌아오면 건물을 구입하여 임대소득 창출을 모색하고 있다. 예상하는 임대소득은 월2,000만원으로 부가가치세 200만원이 발생할 것이다. 하지만 재단이사인 나판출씨는 임대업 대신 출판업을 강력히 주장하고 있다. 출판업은 부가가치세가 면세이기 때문에 경쟁력도 있다는 것이다. 고연우 이사장은 고유목적사업이 아닌 수익사업에 대해서도 부가가치세가 과세되지 않는 경우가 있는지 확인하고 있다.

조언방향 : :

비영리법인이 수익사업을 개시하면 그 수익사업이 부가가치세법상 면세인지 과세인지를 구분해야한다. 수익사업이라고 해도 무조건 VAT가 과세되는 것은 아니다. 수익사업에 의해 공급하는 재화나 용역이 면세에 해당하면 부가가치세 납세의무가 없다. 심화학습에서 살펴보자.

이론정리 및 심화학습

| 부가가치세 면세 |

비영리법인의 수익사업중에도 면세에 속하는 것도 많다. 위에서 언급한 출판업도 면세이다.

부가가치세 면세대상중에서 중요한 것들을 열거하면 다음과 같다.

① 가공되지 않은 식료품
② 수돗물, 연탄과 무연탄, 여성용 생리 처리 위생용품
③ 의료보건용역
④ 교육용역
⑤ 여객운송용역(일부 제외)
⑥ 도서·신문, 잡지등
⑦ 우표, 인지·증지등
⑧ 금융보험용역
⑨ 토지의 공급
⑩ 저술가, 작곡가등의 인적용역
⑪ 예술창작품, 예술행사, 문화행사, 아마추어운동경기등
⑫ 도서관, 과학관, 박물관, 동물원등의 입장
⑬ 종교,자선,학술,구호등의 공익을 목적으로 하는 단체(주무관청의 허·인가 받거나 주무관청 등록단체)가 고유의 사업을 위해 일시적으로 공급하거나 실비 또는 무상으로 공급하는 재화 또는 용역
⑭ 국가, 지방자치단체등이 공급하는 재화나 용역
⑮ 국가, 지방자치단체, 공익단체(대통령령이 정하는)에 무상으로 공급하는 재화나 용역

> 작은사례

이러한 조언에 박연서씨는 면세의 범위가 생각보다 넓다는 것에 놀라고 있다. 면세범위를 살펴보던 박연서씨는 장학재단에서 수익사업으로 학원을 운영하더라도 부가가치세가 면세되는지 확인하고 있다.

그렇다. 학원도 교육용역이기 때문에 부가가치세 면세대상이다. 즉, 주무관청의 허가(인가)를 받거나 주무관청에 등록(신고)된 학교, 학원, 강습소 등은 면세가 된다. 단 무도학원과 자동차운전학원은 면세에서 제외된다.

| 사업자유형 |

부가가치세법에서는 사업자의 유형을 과세사업자와 면세사업자로 나누고 과세사업자는 규모에 따라 일반과세자와 간이과세자로 나눈다. 그리고 면세사업자는 부가가치세법상 사업자가 아니기 때문에 부가가치세법상 사업자등록의무가 없다.

[과세사업자와 면세사업자]

구 분		부가가치세법상
과세사업자	일반과세자	사업자
	간이과세자	
	영세율 사업자	
면세사업자		사업자 아님

9 CASE 사업자등록

사례연구 ::

연우장학재단은 수익사업을 임대업과 출판업중 어느 것으로 할것인가에 대해 격론을 벌이다 결국 안정적인 임대업을 하기로 거의 확정 직전이다. 그런데 나이사는 재단이 수익사업을 개시하면 사업자등록을 어떻게 해야 하는지 궁금해 하고 있다. 연우재단은 최초 장학재단 설립시 세무서에 신고하여 고유번호등록증을 받았는데 이를 반납하고 사업자등록증을 새로 받아야 하는지 아니면 고유번호등록증은 놔두고 수익사업만 별도로 사업자등록을 해야 하는지 등에 대해 헷갈려하고 있다.

조언방향 ::

비영리법인이 수익사업을 개시하면 사업자등록을 해야 한다. 사업자등록은 법인세법과 부가가치세법에 의해야 하는데 아래에서 자세히 정리해보자. 이때 고유번호등록증은 폐기하면 된다.

이론정리 및 심화학습

| 사업자등록 |

(1) 법인세법

비영리법인이 수익사업을 개시하는 경우 그 개시일로부터 2개월이내에 일정사항을 기재한 신고서에 수익사업개시일 현재 재무상태표를 첨부하여 세무서장에게 신고해야 한다.

(2) 부가가치세법

신규로 개시한 사업이 부가가치세법상 과세사업자이면 사업개시일로부터 20일 이내에 규정된 서류를 첨부한 사업자등록신청서를 세무서장에게 제출해야 한다.

(3) 부가가치세법 우선

부가가치세법에 의해 사업자등록을 한 경우 법인세법상 사업자등록을 한 것으로 본다.

[사업자등록]

구 분		신청기한	비 고
사업자등록	법인세법	2개월이내	부가가치세법상 사업자등록시 인정
	부가가치세법	20일이내	

NOTE

비영리법인이 수익사업을 개시한후 20일이내에 부가가치세법상 사업자등록 신청을 하지 않은 경우 수익사업개시일로부터 신청일 전일까지의 공급가액에 대해 1%의 미등록가산세(VAT)가 적용되는 것에 유의해야 한다.

10 CASE 면세사업자의 사업자등록

사례연구::

부가가치세법상 사업자등록을 한 경우에는 법인세법에 의한 사업자등록을 한 것으로 본다는 설명에 박연서씨는 연우장학재단이 출판업을 하면 면세이고 면세사업자는 부가가치세법상 사업자가 아니어서 부가가치세법에 의한 사업자등록을 할 수 없는데 그런 경우에는 어떻게 해야 하는지 계속 문의하고 있다.

조언방향::

비영리법인이 시작한 수익사업이 면세인 경우에는 부가가치세법상 사업자등록을 할 수 없기 때문에 법인세법상 사업자등록을 하면 된다.

이론정리 및 심화학습

| 사업자등록증 교부 |

사업자등록증은 신청일로부터 2일이내에 교부하여야 한다. 단, 세무서가 사업장의 확인등 필요한 경우 5일에 한하여 연장할수 있다.

11 CASE 공통매입세액

사례연구 : :
연우장학재단은 임대업으로 결정하려고 했지만 출판업을 주장하는 나이사의 강력한 반발에 '사공이 많으면 배가 산으로 가듯' 출판업과 임대업을 동시에 시작하기로 결정하였다. 박연서씨는 출판업은 면세사업으로 매입세액공제가 안되고 임대업은 과세사업으로 매입세액공제가 되는데 출판업과 임대업에 공동으로 사용되는 집기비품을 구입한 경우 매입세액공제는 어떻게 되는지 궁금해하고 있다.

조언방향 : :
출판업(면세)과 임대업(과세)을 겸업하는 경우 관련 매입세액은 실지로 귀속 사용에 의해 구분한다. 그리고 구분이 어려운 공통매입세액에 대해서는 안분산식에 의해 계산한다. 아래에서 살펴보자.

이론정리 및 심화학습

| 공통매입세액 |

공통매입세액이란 면세사업과 과세사업에 공통으로 사용되는 재화등의 매입시 발생한 매입세액을 말한다. 공통매입세액중 매입세액이 불공제되는 면세사업부분의 안분계산은 다음과 같다.

[불공제 매입VAT]

면세사업 관련 불공제 매입세액(VAT) = 공통매입세액 × (면세공급가액/총공급가액)

> 작은사례

이런 조언에 박연서씨는 만일 장학재단의 공통매입세액이 100만원이고 부가가치세 과세기간의 출판업 공급가액이 3,000만원, 임대업 공급가액이 7,000만원인 경우 공통매입세액중 불공제되는 금액은 30만원(=100만원×3,000만원/1억원)이고 70만원은 매입세액공제가 가능한 것이냐며 확인하듯 묻고 있다.

그렇다. 면세사업과 과세사업의 공급가액 비율에 따라 불공제되는 매입세액을 계산하면 된다.

12 CASE 대리납부

사례연구 ::

연우장학재단은 작년 고연우이사장과 친분이 있는 미국의 세계적 컨설팅회사인 DHK로부터 조직운영과 모금활성화에 대한 약식 컨설팅을 받았다. 간단한 보고서지만 매우 알찬 내용에 만족한 연우장학재단은 1,000만원을 달러로 환전하여 미국 DHK본사로 송금하였다. 그런데 얼마 후 세무서로부터 부가가치세 대리납부의무를 이행하지 않았으니 부가가치세와 가산세를 납부하라는 통지를 받고 당황해 하고 있다. 박연서씨는 대리납부가 무엇인지에 대한 개념도 없는 상태이다.

조언방향 ::

주의해야 한다. 연우장학재단은 부가가치세법상 대리납부의무가 있다. 비영리법인이 국외사업자로부터 국내에서 용역을 공급받는 경우 그 대가를 지불할 때 부가가치세를 징수하여 세무서에 납부해야 한다. 아래에서 살펴보자.

이론정리 및 심화학습

| 대리납부 |

국외사업자로부터 국내에서 용역(또는 권리)을 공급받는 자는 그 대가를 지급할

때 부가가치세를 징수하여 납부하여야 한다. 이를 대리납부라고 한다.

> **작은사례**

이러한 조언에 박연서씨는 알 듯 모를 듯 하다. 박연서씨는 부가가치세는 원래 용역을 공급하는 자가 매출VAT를 받아서 세무서에 납부하는 것인데 그렇다면 DHK가 납부의무자가 아니냐고 반문하고 있다.

부가가치세법상 원칙적으로 납세의무자는 당연히 용역을 공급하는 자인 미국회사 DHK이다. 하지만 국내사업장이 없는 국외사업자가 매출VAT를 받아서 한국세무서에 납부한다는 것은 기대하기 어렵기 때문에 국외사업자에게 용역대금을 지급할 때 지급자인 연우장학재단에게 부가가치세 대리납부의무를 부여한 것이다.

> **NOTE 대리납부의무 제외**

국외사업자에게 용역대가를 지급하는 경우에도 그 용역이 면세사업이 아닌 과세사업을 위해 사용되는 경우에는 대리납부의무가 없다. 즉, 비영리법인이 국외사업자에게 제공받은 용역이 부가가치세가 과세되는 수익사업을 위한 것이라면 대리납부의무가 없다. 왜냐하면 과세사업(수익사업)과 관련하여 대리납부의무를 부여하면 대리납부한 매입VAT는 VAT가 과세되는 수익사업의 매출VAT에서 차감(또는 환급)되어 실익이 없기 때문이다.

비영리법인과 부가가치세

1. 부가가치세 납세의무자

부가가치세법상 납세의무자는 「사업상 독립적으로 재화 또는 용역을 공급하는 자인 사업자」이다. 이때 사업자라고 하면 재화나 용역을 계속·반복적으로 공급하는 경우에 한한다. 사업목적은 영리이든 비영리이든 불문하기 때문에 비영리법인도 부가가치세법상 사업자에 해당하면 납세의무자가 된다.

[부가가치세법상 사업자구분]

구 분		부가가치세법상	VAT
재화 또는 용역공급	계속, 반복적	사업자	영리목적 유무에 상관없이 과세대상
	일시적, 비반복적	비사업자	과세대상아님

2. 비영리법인과 면세

비영리법인이 고유목적사업만 하는 경우 부가가치세법상 면세이다. 하지만 면세사업자인 경우에도 비영리법인은 물품등의 구입시 매입부가가치세를 부담해야 한다. 면세사업자인 비영리법인은 매출부가가치세가 없기 때문에 부담한 매입부가가치세는 공제받지 못하고 구입한 재화의 취득금액에 합산한다.

3. 비영리법인과 수익사업

비영리법인의 고유목적사업과 관련한 공급에 대해서만 면세대상이다. 비영리법인이 수익사업을 하는 경우 그 수익사업이 부가가치세법상 과세에 해당하면 부가가치세를 납부해야 한다.

4. 비영리법인의 면세규정

종교, 자선, 학술, 구호등의 공익을 목적으로 하는 단체(주무관청의 허·인가 받거나 주무관청 등록단체)가 고유의 사업을 위해 일시적으로 공급하거나 실비 또는 무상으로 공급하는 재화 또는 용역은 부가가치세법상 면세대상이다.

[고유목적사업을 위한 공급]

구 분		VAT 과세여부
고유목적을 위한 공급	일시적 or 실비(또는 무상)	면 세
	그 外	과 세
고유목적外 공급		

5. 부가가치세의 과세기간

[부가가치세 과세기간]

구 분	과세기간	확정신고기한
제 1 기	1월1일~6월30일	7월25일
제 2 기	7월1일~12월31일	다음해 1월25일

[부가가치세 예정신고기간]

구 분	예정신고기간	예정신고기한
제 1 기	1월1일~3월31일	4월25일
제 2 기	7월1일~9월30일	10월25일

6. 주요 면세의 범위

① 가공되지 않은 식료품
② 수돗물, 연탄과 무연탄, 여성용 생리 처리 위생용품
③ 의료보건용역
④ 교육용역
⑤ 여객운송용역(일부 제외)
⑥ 도서·신문, 잡지등
⑦ 우표, 인지·증지등
⑧ 금융보험용역

⑨ 토지의 공급
⑩ 저술가, 작곡가등의 인적용역
⑪ 예술창작품, 예술행사, 문화행사, 아마추어운동경기등
⑫ 도서관, 과학관, 박물관, 동물원등의 입장
⑬ 종교, 자선, 학술, 구호등의 공익을 목적으로 하는 단체(주무관청의 허·인가 받거나 주무관청 등록단체)가 고유의 사업을 위해 일시적으로 공급하거나 실비 또는 무상으로 공급하는 재화 또는 용역
⑭ 국가, 지방자치단체등이 공급하는 재화나 용역
⑮ 국가, 지방자치단체, 공익단체(대통령령이 정하는)에 무상으로 공급하는 재화나 용역

7. 사업자 유형

부가가치세법에서는 사업자의 유형을 과세사업자와 면세사업자로 나누고 과세사업자는 규모에 따라 일반과세자와 간이과세자로 나눈다.

[과세사업자와 면세사업자]

구 분		부가가치세법상
과세사업자	일반과세자	사업자
	간이과세자	
	영세율 사업자	
면세사업자		사업자 아님

8. 수익사업개시와 사업자등록

(1) 사업자등록의무

비영리법인이 수익사업을 개시하면 사업자등록을 해야 한다. 사업자등록은 법인세법과 부가가치세법에 의해야 하는데 부가가치세법에 의해 사업자등록을 한 경우 법인세법상 사업자등록을 한 것으로 본다.

(2) 부가가치세법에 의한 사업자등록

부가가치세법에 의하면 신규로 개시한 사업이 부가가치세법상 과세사업자인 경우 사업개시일로부터 20일 이내에 규정된 서류를 첨부한 사업자등록신청서를 세무서장에게 제출해야 한다.

(3) 수익사업이 면세인 경우

비영리법인이 시작한 수익사업이 면세인 경우에는 부가가치세법상 사업자등록을 할 수 없기 때문에 법인세법상 사업자등록을 하면 된다.

[사업자등록]

구 분		신청기한	비 고
사업자등록	법인세법	2개월이내	부가가치세법상 사업자등록시 인정
	부가가치세법	20일이내	

9. 사업자 미등록시 불이익

비영리법인이 수익사업을 개시한후 20일이내에 부가가치세법상 사업자 등록 신청을 하지 않은 경우 수익사업개시일로부터 신청일 전일까지의 공급가액에 대해 1%의 미등록가산세(VAT)가 적용된다.

10. 공통매입세액

공통매입세액이란 면세사업과 과세사업에 공통으로 사용되는 재화등의 매입시 발생한 매입세액을 말하며 공통매입세액중 매입세액이 불공제되는 면세사업부분 매입세액은 다음과 같이 안분계산한다.

[불공제 매입VAT]

면세사업 관련 불공제 매입세액(VAT) = 공통매입세액 × (면세공급가액/총공급가액)

11. 비영리법인의 대리납부의무

비영리법인이 국외사업자로부터 국내에서 용역을 공급받는 경우 그 대가를 지불할 때 부가가치세를 징수하여 세무서에 납부해야 한다. 하지만 그 용역이 고유목적사업이나 면세사업이 아닌 과세사업을 위해 사용되는 경우에는 대리납부의무가 없다.

05

비영리법인과 상속·증여세

1 CASE 비영리법인과 증여세

사례연구 : :

비영리법인인 적강재단에서는 고액기부자의 활성화를 위해 전담직원을 배치하여 고액기부와 관련한 사항을 체계적으로 관리하고자 한다. 이를 위해 금융권PB출신인 강동화씨를 영입했다. 고객관리에는 프로이지만 세법관련해서는 아직 초보인 강동화씨는 기부관련 상속세와 증여세를 중점적으로 공부하고 있다.

드디어 강동화씨는 입사후 처음으로 멋진 노신사 김인품씨와 기부에 대한 상담을 하고 있다. 김인품씨는 유일한 아들(막내)이 마흔 가까운 나이에 결혼을 준비하자 주택구입자금 10억원을 증여할 계획이다. 훌륭한 인품의 김인품씨는 아들에게만 증여하는 것이 마음에 걸려 10억원 상당의 부동산도 공익법인에 기부하려고 적강재단을 찾은 것이다. 김인품씨는 우선 아들에게 증여시 증여세는 누가 얼마나 내야 하는지 조언을 부탁하고 있다.

조언방향 : :

증여세 납세의무자는 증여를 하는 사람(증여자)이 아니고 받는 사람(수증자)이다. 따라서 김인품씨가 증여시 증여세 납세의무자는 원칙적으로 수증자인 아들과 적강재단이다.

이론정리 및 심화학습

| 납세의무자 |

(1) 상속세

상속세의 경우 납세의무자는 상속재산을 받는 상속인이 아닌 돌아가신 피상속인이다. 즉 피상속인의 전체재산을 하나로 보아 상속세를 계산한 후 상속인이 각자 상속받은 재산비율별로 상속세를 과세한다.

(2) 증여세

반면 증여세는 증여자별 과세이다. 그리고 증여세 납세의무자도 증여재산을 주는 사람(증여자)이 아닌 증여재산을 받는 사람(수증자)이다. 수증자는 각자 증여받은 증여재산에 대해 각각의 증여세 납세의무를 갖는다.

[상속세와 증여세 납세의무자]

구 분	납세의무자
상속세	주는 사람(피상속인)
증여세	받는 사람(수증인)

2 CASE 증여세 대납

> **사례연구::**
> 공익법인에 기부도 중요하지만 아무래도 자식에게 마음이 먼저 가는 김인품씨는 아들에게 증여시 증여세는 얼마가 나오는지 묻고 있다. 그리고 조심스럽게 아들의 증여세를 자신이 납부하면 어떻게 되는지 알려달라고 하고 있다. 가능하면 김인품씨는 아들의 증여세도 자신이 부담하고 싶은 것이다.
>
> **조언방향::**
> 아들의 증여세를 대납하면 그 대납한 증여세액을 아버지(김인품씨)가 또 아들에게 증여한 것으로 보아 대납세액에 대해 증여세를 과세한다. 우선 증여세 산출세액부터 계산해보자.

이론정리 및 심화학습

| 증여세 계산 |

김인품씨가 아들에게 증여시 증여세를 계산하면 다음과 같다.

(1) 증여재산가액

증여재산가액은 10억원이다.

(2) 증여재산공제

직계비속(아들)에게 증여시 증여재산가액에서 공제되는 증여재산공제액은 5,000만원이다.

(3) 증여세 과세표준

따라서 증여세 과세표준은 9억5,000만원(=10억원-5,000만원)이다.

(4) 증여세율

상속·증여세율은 다음과 같이 5단계 누진세율이다.

[상속·증여세율표]

과세표준	세 율
1억원 이하	10%
1억원 초과 5억원이하	1,000만원+1억원 초과금액의 20%
5억원 초과 10억원이하	9,000만원+5억원 초과금액의 30%
10억원 초과 30억원이하	2억4,000만원+10억원 초과금액의 40%
30억원 초과	10억4,000만원+30억원 초과금액의 50%

(5) 증여세 산출세액

증여세 과세표준에 세율을 곱하여 계산한 산출세액은 2억2,500만원이다.

[증여세 계산구조]

구 분	금 액
①증여재산가액	10억원
②증여재산공제	5,000만원
③증여세 과세표준(①-②)	9억5,000만원
④증여세율	10%~50%
⑤증여세 산출세액(④×⑤)	2억2,500만원

NOTE

아들이 납부하여야 할 증여세를 아버지(김인품씨)가 대신 납부하면 납부증여세액을 아들에게 증여한 것으로 보아 다시 증여세를 과세한다. 즉 대납한 증여세액 2억 2,500만원에 대해 다시 증여세가 과세된다.

작은사례

그럴리는 없지만 만일 김인품씨의 아들이 10억원을 증여받은 후 증여세 납부나 주택구입을 하지 않고 바로 카지노로 달려가 모두 탕진한 경우에는 어떻게 될까? 아들은 원래 자기재산은 전혀 없다.

그런 경우 아버지 김인품씨가 증여세 연대납세의무에 의해 증여세를 부담해야 한다.

증여세 연대납세의무

증여세의 납세의무자는 수증자이다. 그러나 다음의 경우에는 증여자는 수증자와 연대하여 증여세를 납부할 연대납세의무가 있다.
① 수증자의 주소 또는 거소가 불분명하여 조세채권확보가 곤란한 경우
② 수증자가 증여세를 납부할 능력이 없다고 인정되는 경우로서 체납으로 인한 체납처분에 의해도 조세채권확보가 곤란한 경우

3 CASE 증여재산공제

사례연구::

증여세 계산과정을 살펴보던 김인품씨는 증여세계산구조가 생각보다 단순하다고 느끼고 있다. 다만 아들에게 증여시 증여재산공제가 5,000만원밖에 되지 않는 것에 대해서는 불만이다. 김인품씨는 증여재산공제는 증여금액에 관계없이 무조건 5,000만원인지 아니면 상황에 따라 다른지 문의하고 있다. 김인품씨는 아내에게도 증여를 생각하고 있고 이번에 대학생이 된 외손녀(장녀의 딸)에게도 약간의 증여를 고려하고 있다.

조언방향::

증여세의 계산구조는 단순하다. 여러분도 잘 숙지하기 바란다. 그리고 증여재산공제는 증여대상자별로 다르다. 아래에서 자세히 살펴보자.

이론정리 및 심화학습

| 증여재산공제 |

① 배우자로부터 증여받는 경우 : 6억원
② 직계존비속으로부터 증여받는 경우 : 5,000만원. 단 증여받는 자가 미성년자(19세미만)인 경우에는 2,000만원

③ 6촌이내의 혈족, 4촌이내의 인척으로부터 증여받는 경우 : 1,000만원

> 작은사례 1

이러한 조언에 김인품씨는 아들에게 증여하는 금액이 1억원이든 10억원이든 증여재산공제는 5,000만원이냐고 확인하고 있다.

그렇다. 증여금액에 상관없이 5,000만원이다.

> 작은사례 2

그러면 한꺼번에 10억원을 증여하지 않고 매년 1억원씩 증여하여 매년 5,000만원씩 공제받는 것이 훨씬 유리한 것 아니냐며 다시 질문하고 있다.

그렇지 않다. 증여세는 10년간 동일인에게 증여받은 금액을 합산하여 과세하며 10년간 증여재산공제는 5,000만원일 뿐이다.

> 작은사례 3

이러한 조언에 다소 허탈한 김인품씨는 그럼 10년 단위로 자녀에게 5,000만원씩 증여하면 증여세를 내지 않아도 되는지 궁금해한다.

그렇다. 10년단위로 5,000만원씩 증여한다면 증여세 산출세액은 없다.

작은사례 4

증여재산공제에서 직계비속은 자녀만 해당되는지 아니면 손자에게 증여해도 5,000만원이 공제되는지도 묻고 있다.

공제대상이 되는 직계비속은 손자도 포함된다. 다만 손자가 미성년자인 경우 증여재산공제는 2,000만원이다.

작은사례 5

학구적인 김인품씨는 할아버지와 아버지에게 각각 5,000만원씩 증여받은 경우의 증여재산공제는 어떻게 되는지 궁금해졌다. 각각 5,000만원씩 증여재산공제를 받을 수 있는지 문의하고 있다.

그렇다. 증여재산공제는 각각 5,000만원씩 가능하여 증여세 산출세액은 없다.

작은사례 6

이런 조언에 김인품씨는 아들에게 증여시 자신과 아내가 각각 증여하면 증여재산공제를 각각 5,000만원씩 총 1억원을 공제받을 수 있는지 확인하고 있다.

그렇지 않다. 부모는 동일인으로 보아 5,000만원만 공제된다.

> 작은사례 7

김인품씨는 아들이 결혼하면 며느리에게도 5,000만원을 증여하려고 한다. 며느리에게 증여하면 직계비속이니까 당연히 5,000만원 공제될 것으로 생각하고 있다.

그렇지 않다. 며느리는 직계비속으로 보지 않는다. 따라서 며느리에게 증여시 증여재산공제는 1,000만원이다. 물론 사위에게 증여하는 경우에도 동일하다.

[증여재산공제]

구 분	증여재산공제금액
배우자로부터 증여받는 경우	6억원
직계존비속으로부터 증여받는 경우	5,000만원 (미성년자 2,000만원)
6촌이내 혈족, 4촌이내 인척으로부터 증여받는 경우	1,000만원

| 비영리법인과 증여재산공제 |

비영리법인이 증여받은 경우에는 증여재산공제금액은 없다. 따라서 김인품씨가 적강재단에 증여하면 적강재단은 증여재산공제금액은 없다. 하지만 비영리법인은 증여받을 때 증여재산가액 불산입규정이 있다. 다음 사례에서 살펴보자!

4 CASE 비영리법인과 증여세 (1) 비과세와 과세가액 불산입

사 례 연 구 ::

증여세의 대납은 또 다른 증여로 본다는 조언에 김인품씨는 당황하고 있다. 아들에 대한 증여는 좀 더 생각해보기로 한 김인품씨는 우선 비영리법인인 적강재단에 증여하기로 하였다. 김인품씨는 비영리법인에게 증여하면 당연히 증여세는 비과세될 것이라고 생각하고 있다.

조 언 방 향 ::

비영리법인이 증여를 받는 경우 원칙적으로 증여세 납세의무가 있다. 즉 비영리법인에 대한 증여는 비과세가 아니라 여러 가지 조건에 합당한 경우에 한해 증여세 과세가액 불산입으로 증여세를 감면받는 경우가 있는 것이다. 이에 대해 자세히 살펴보자.

이론정리 및 심화학습

| 비과세와 과세가액 불산입 |

(1) 비과세

세법상 비과세란 아예 과세대상에서 제외한다는 의미이다. 즉 비과세는 과세대상이 아니다. 따라서 비과세대상은 유의해야 할 사항이 없다.

(2) 과세가액 불산입

비과세는 과세대상이 아닌 반면 과세가액 불산입은 원칙적으로 과세대상이지만 과세가액에서 차감(불산입요건 충족시)하여 세금이 과세되지 않는다. 즉 과세가액 불산입이란 원칙적으로 과세대상이라는 점에서 비과세와 전혀 다르다. 따라서 증여세를 부담하지 않는다는 측면에서는 비과세와 동일하기 때문에 일반적으로 비영리법인에 증여시 증여세가 비과세 된다고 생각하는 듯하다.

(3) 결정적 차이(사후관리)

증여시 증여세를 내지 않는 것은 비과세와 과세가액 불산입이 동일하지만 가장 큰 차이는 사후관리(출연재산의 사후관리)에 있다. 비과세 대상이면 아무런 사후관리가 없다. 하지만 과세가액 불산입의 경우 증여 후 유의해야 할 점이 매우 많다. 만일 증여 후 비영리법인이 증여재산(출연재산)에 대한 사후관리 규정을 준수하지 않으면 즉시 증여세가 추징된다.

[비과세와 과세가액 불산입]

구 분	과세대상 여부	증여세	사후관리규정	위반시
비과세	과세대상 아님	납부할 증여세 없음	해당 없음	
과세가액 불산입	과세가액에서 차감		있 음	즉시 증여세 과세

5 CASE 비영리법인과 증여세(2) 과세가액 불산입 사후관리

사례연구 : :
비과세와 과세가액 불산입의 차이에 대한 조언에 강동화씨는 알 듯 모를 듯하다. 김인품씨가 기부하면 증여세 납세의무자는 적강재단이라는 것은 알겠고 증여당시 과세가액 불산입이 되면 증여세 산출세액이 없다는 것으로 이해하겠는데 그러면 끝이지 언제 또 증여세를 과세할 수 있느냐는 것이다.

조언방향 : :
증여당시 증여세 산출세액이 없다고 해서 증여세 납세의무가 종결된 것은 아니다. 비영리법인 관련 증여세는 출연(증여)를 받은 후가 훨씬 더 중요하다.

가장 간단한 예를 들어보면 증여(출연)받은 재산을 비영리법인이 고유목적사업에 3년간 사용하지 않으면 그 3년이 되는 시점에 증여받은 것으로 보아 증여세를 과세한다. 그 외에도 고유목적외(外) 사용하면 즉시 증여세를 과세하는등 사후관리규정이 매우 엄격하다.

NOTE
이 장에서는 비영리법인에 대한 증여세 과세가액 불산입 규정을 중점적으로 살펴볼 것이다. 그리고 비영리법의 출연재산에 대한 사후관리규정은 중요하기 때문에 **6장(비영리의 출연재산 사후관리)**에서 독립적으로 살펴볼 것이다.

6 CASE 과세가액불산입 대상 비영리법인

사례연구::

이러한 조언에 강동화씨는 비영리법인에 기부시 세금문제는 기부자가 아닌 비영리법인이라는 것에 긴장하고 있다. 그동안 증여세 문제에 대해 느슨하게 관리해온 것을 반성하며 강동화씨는 우선 기부받는 재산에 대해 증여세 과세가액 불산입이 가능한 비영리법인의 범위에 대해 문의하고 있다. 비영리법인이면 전부 과세가액 불산입이 가능한지 아니면 비영리법인중에서도 특정법인에 대해서만 적용되고 있는지에 대한 질문이다.

조언방향::

증여세 과세가액 불산입은 모든 비영리법인에 적용되는 것은 아니다. 비영리법인중에서도 상증법에서 규정한 공익법인에 대해서만 적용된다.

이론정리 및 심화학습

| 과세가액불산입 대상 공익법인 |

증여세계산시 과세가액불산입을 할 수 있는 공익법인등의 범위는 다음과 같다.

① 종교법인(종교의 보급 기타 교화에 현저히 기여하는 사업)
② 학교법인, 유치원(초중등교육법, 고등교육법, 유아교육법에 의한)
③ 사회복지법인(사회복지사업법의 규정에 의한)
④ 의료법인(의료법에 따른)
⑤ 그 外 법인세법, 소득세법에 의해 인정된 기부금단체등

위에서 규정한 공익법인이 아니면 비영리법인이라도 증여받은 재산에 대해 과세가액 불산입규정이 적용되지 않기 때문에 증여세를 납부해야 한다.

[과세가액 불산입 적용대상]

구 분	과세가액 불산입
공익법인(상증법상)	적용 가능
공익법인이 아닌 비영리법인	적용 불가능

7 CASE 공익법인 관리규정

사례연구 : :
강동화씨는 공익법인은 상증법상 과세가액 불산입이라는 엄청난 혜택을 받게 되는데 정부는 공익법인의 운영에 대해 어떤 관리규정을 두고 있는지 궁금해 하고 있다.

조언방향 : :
관리규정이 있다. 공익법인은 외부전문가에 의한 세무확인을 받도록 하고 있으며 특히 대형공익법인은 세무확인외에 외부감사인의 회계감사도 받도록 하는등 강력한 관리규정을 두고 있다.

이론정리 및 심화학습

| 공익법인의 세무확인 |

공익법인은 출연받은 재산의 공익목적사업 사용여부등에 대해 2명이상의 외부전문가(변호사, 공인회계사, 세무사)를 선임하여 세무확인을 받아야 한다. 다만 소규모공익법인(총자산 5억원미만이며 당해사업연도 수입금액과 출연받은 재산 합계액이 3억원미만인 공익법인)은 외부전문가 세무확인대상에서 제외한다.

| 공익법인의 외부회계감사 의무 |

공익법인은 외부전문가 세무확인외에 사업연도별로 감사인(주식회사등의 외부감사에 관한 법률에 의한)에게 외부회계감사를 받아야 한다. 다만 다음의 공익법인은 외부회계감사를 받지 않는다.

(1) 소형 공익법인

다음 요건을 모두 충족한 공익법인은 외부회계감사를 받지 않아도 된다.
① 총자산규모 100억원 미만일 것
② 당해 사업연도(과세기간) 수입금액과 출연받은 재산합계액이 50억원 미만일 것
③ 당해 사업연도(과세기간) 출연받은 재산가액이 20억원 미만일 것

(2) 종교법인과 학교법인(유치원 포함)

다음에 사업을 영위하는 공익법인도 외부회계감사를 받지 아니한다.
① 종교의 보급 기타 교화에 현저히 기여하는 사업
② 학교, 유치원을 설립·경영하는 사업 (초중등교육법, 고등교육법, 유아교육법에 의한)

[세무확인 · 회계감사 대상 공익법인]

구 분		대 상
공익법인	세무확인	총자산 5억원이상 or 당해사업연도 수입금액+출연받은 재산 합계액 3억원이상 공익법인
	회계감사	다음 중 하나 이상 해당하는 공익법인 • 총자산 100억원이상 • 수입금액+출연받은 재산 합계액 50억원이상 • 출연받은 재산 20억원이상 (단, 종교법인, 학교법인 제외)

8 CASE 증여후 반환

사례연구 : :

완전 짠순이로 유명한 진염분여사는 얼마전 모든 사재를 사회에 환원한 이환원선생에 대한 신문기사를 보고 감동을 받아 자신의 삶을 반성하며 새해 1월2일 즉흥적으로 10억원 상당의 건물을 오빠(진정한씨)가 이사장으로 있는 강적재단에 증여하였다. 하지만 반성의 순간도 잠깐 건물증여 후 아까워서 없던 병이 생길지경이다. 진염분여사는 한달만인 2월2일 강적재단을 찾아 반환을 요구하고 있다. 그런데 증여재산을 반환하는 경우 증여세는 어떻게 될까?

조언방향 : :

증여받은 재산을 반환하는 경우 언제 반환하는가에 따라 증여세문제가 달라진다. 즉, 반환시점이 증여세신고기한 전·후 언제인가가 매우 중요하다. 아래에서 자세히 살펴보자.

이론정리 및 심화학습

| 증여세 신고기한 |

증여를 받은 경우 수증자는 증여일이 속하는 달의 말일부터 3개월이내에 증여세를 신고·납부해야 한다. 따라서 수증자인 강적재단의 증여세 신고기한은 4월30일까지이다.

| 신고기한내 반환 |

증여받은 재산(금전 제외)을 당사자간의 합의에 의해 증여세신고기한내(4월30일)에 반환하는 경우에는 원래 증여가 없었던 것으로 보아 최초증여와 반환 모두 증여세를 과세하지 않는다. 단 신고기한내 반환하는 경우에도 반환하기 전에 증여세 과세표준과 세액이 결정된 경우에는 증여세를 납부해야 한다.

따라서 증여한지 한달만(2월2일)에 반환받는 진염분여사와 강적재단은 증여세 과세대상이 아니다.

| 증여신고기한 경과후 3개월이내 반환 |

작은사례 1

만일 진염분여사가 없는 병(즉, 꾀병)을 버티고 버티다 증여후 5개월후에 반환받게 되면 어떻게 될까?

증여세 신고기한(4월30일)이 지난후 그 신고기한으로부터 3개월이내(7월31일)에 반환하는 경우 최초증여는 증여세 과세대상이나 반환하는 것은 증여세 과세대상이 아니다.

| 신고기한 경과후 3개월이 지난 이후에 반환 |

작은사례 2

만일 진염분여사가 버티고 버텨서 증여후 1년이 지난 시점에서 반환받은 경우에는 증여세문제가 어떻게 될까?

신고기한 경과후 3개월인 7월31일이후에 반환하는 경우에는 최초증여도 증여세 과세대상이고 반환하는 것도 증여세 과세대상이다.

[증여재산 반환과 증여세]

구 분	최초증여	반 환
신고기한내 반환	과세대상 아님	과세대상 아님
신고기한 경과후 3월이내 반환	증여세 과세	과세대상 아님
신고기한 경과후 3월이후 반환	증여세 과세	증여세 과세

9 CASE 출연재산과 부담부증여

사례연구::

연우재단은 오랜 후원자인 오후원씨로부터 건물을 증여받게 되었다. 출연건물의 시가는 20억원인데 출연시 건물 임차인에 대한 임대보증금 5억원도 연우재단이 인수하길 오후원씨는 원하고 있다. 그래서 연우재단의 고연우이사장은 건물과 함께 임차보증금도 인수하였다. 그런데 얼마후 세무서에서는 오후원씨에게 양도소득세 신고안내문을 보내고 있다. 오후원씨는 자신은 증여한 것 뿐인데 웬 양도소득세인지 황당할 따름이다.

조언방향::

황당할 것 없다. 오후원씨는 연우재단에 부담부증여를 한 것이다. 부담부증여의 경우 공익법인이 인수한 채무(건물 임대보증금 5억원)부분은 유상양도로 보아 양도소득세가 과세되는 것이 당연하다.

이론정리 및 심화학습

| 부담부 증여 |

부담부증여란 증여시 수증자가 증여자의 채무를 인수하는 것을 말한다.

| 부담부 증여와 양도소득세 |

소득세법상 부담부증여시 유상으로 이전된 부분은 양도소득세 과세대상이다. 즉 연우재단은 20억원상당의 건물과 오후원씨가 부담해야 하는 채무인 임대보증금 5억원을 함께 인수했기 때문에 순수하게 증여받은 금액은 15억원이다. 나머지 5억원은 무상이 아닌 유상으로 이전된 것이다. 이때 유상이란 금전뿐만 아니라 사실상의 대가를 지불한 모든 경우를 의미한다.

[부담부증여와 납세의무자]

구 분		납세의무자	과세대상
부담부 증여 20억원(부채 5억원)	증여세	수증자 (연우재단)	무상 증여분(15억원)
	양도소득세	증여자 (오후원씨)	유상 양도분(5억원)

작은사례

이러한 조언에 놀란 오후원씨는 부담부증여의 경우 양도소득세를 어떻게 계산하는지 문의하고 있다. 과세되는 것도 이해가 되지 않지만 양도소득세를 계산하는 것도 불가능하다는 생각이다. 건물의 최초 취득가액은 8억원이며 현재가액은 20억원이다.

계산할 수 있다. 부담부증여 건물 20억원중 5억원(25%)이 유상으로 이전된 것이 때문에 양도가액은 5억원이고 취득가액은 최초취득가액인 8억원의 25%인 2억원이다. 따라서 부담부 증여의 양도차익은 3억원(=5억원-2억원)이다.

[부담부 증여 양도차익]

구 분	금 액	비 고
① 양도가액	5억원	임차보증금 인수액
② 취득가액	2억원	8억원×(5억원/20억원)
③ 양도차익(=①-②)	3억원	

10 CASE 증여세 부과권 제척기간

사례연구::

사단법인 남강은 후원자로부터 5,000만원상당의 시골토지를 증여받았다. 소규모 사단법인 남강은 비영리법인이긴 하지만 상증법상 공익법인이 아니어서 증여세 과세가액 불산입 대상이 아니다. 따라서 증여세를 신고해야 하지만 직원이라곤 혼자서 모든 관리를 맡고 있는 나겸직씨 밖에 없어 증여세 신고할 생각도 능력도 없어 그저 세월만 지나가고 있다. 나겸직씨는 어디서 듣기에 세금도 일정기간 버티면 안내도 된다는데 얼마나 버티면 되는지 더딘 세월에 불안해하면서 물어보고 있다.

조언방향::

과세관청은 수증자(납세의무자)가 증여세신고기한내에 증여세를 신고하지 않으면 부과권을 행사할수 있다. 이러한 부과권은 영원히 존속하는 것이 아니라 10년(무신고시 15년)간 행사하지 않으면 만료된다.

이론정리 및 심화학습

| 증여세 신고기한과 부과권 제척기간 |

증여세의 신고기한은 증여일이 속하는 달의 말일부터 3개월까지이다. 사단법인 남강은 증여세를 신고하지 않은 무신고이기 때문에 증여세 신고기한으로부터 15년간 과세관청이 증여세 부과권을 행사하지 않으면 납세의무가 종결된다.

| 상속세 부과권 제척기간 |

상속세의 경우도 부과권 제척기간은 10년(무신고시 15년)이다. 그리고 상속세 신고기한은 상속개시일이 속하는 달의 말일부터 6개월이다. 상속세의 경우도 무신고시 상속세 부과권의 제척기간은 상속세 신고기한으로부터 15년이다.

| 포탈 상속·증여재산이 50억원을 초과하는 경우 |

위의 규정에도 불구하고 포탈 상속·증여재산이 50억원을 초과하는 경우에는 그 사실을 안 날로부터 1년이내에 상속·증여세를 부과할 수 있다. 따라서 고액포탈 상속·증여에 대해서는 부과권 제척기간이 사실상 무제한으로 연장된 것과 다름없다.

11 CASE 상속세 납세의무자

사례연구 : :

오랫동안 성실히 돈 버는 재미로만 살아온 나돈만씨는 50억원정도의 재산이 있다. 노년들어 마음이 허해진 나돈만씨는 자신이 평생 쌓아온 재산중 일부를 사회환원차원에서 사회복지법인과 종교법인에 사후상속을 계획하고 있다. 나돈만씨는 사후상속 받은 비영리법인은 상속세를 내야하는지, 그리고 사후기부(상속)가 전체 상속세부담에 어떤 영향을 미치는지 궁금해 하고 있다.

조언방향 : :

상속을 받는 비영리법인은 원칙적으로 상속세 납세의무가 있다. 즉 돌아가시면서 기부하면 상속세가 과세되는 것이 원칙이다. 그러나 증여세와 동일하게 공익을 목적으로 하는 비영리공익법인은 상속세 계산시 과세가액 불산입으로 과세에서 제외되어 상속세가 과세되지 않는 것이 일반적이다.

이론정리 및 심화학습

| 상속세의 납세의무자 |

상속이 개시되면 상속인(자녀등)은 피상속인(돌아가신 분)의 모든 재산을 합산하여 계산한 상속세를 납부할 의무가 있다.

[피상속인과 상속인]

구 분	내 용
피상속인	돌아가신 분
상속인	상속재산을 받는 사람

> 작은사례 1

나돈만씨는 50억원의 재산을 장남 30억원, 차남 20억원 상속하는 경우 각자 받은 상속재산(30억원, 20억원)에 대해 상속세를 각각 계산하여 납부하면 되는 것 아니냐며 아는 척을 하고 있다.

아니다. 상속인(장남,차남)은 자신들이 받은 상속재산(30억원, 20억원)에 대해 각자 개별적으로 상속세를 계산하는 것이 아니라 피상속인(나돈만씨)의 전체재산(50억원)을 하나로 보아 상속세를 계산한 후 상속받은 비율(3 : 2)에 따라 상속세 납세의무가 있다.

| 상속세의 연대납세의무 |

> 작은사례 2

이러한 조언에 나돈만씨는 그럼 혹시 장남이 상속재산을 받자마자 탕진한 후 못내겠다고 버티면 차남이 장남대신 상속세를 내야 하는지 계속 물어보고 있다.

그렇다. 상속인간에는 연대납세의무가 있다. 따라서 세무서에서는 차남에게 장남의 상속세도 징수한다. 이러한 연대납세의무는 상속인이 상속받은 재산을 한도로 한다.

12 CASE 유산세제도

사례연구::

나돈만씨는 상속에 대해 생각하다 다음과 같은 의문이 들었다. 자녀들에게 상속을 해주면 자녀들이 각자 자기가 받은 상속재산에 대해 각각 상속세를 계산하여 납부하지 않고 왜 상속재산을 하나로 보아 상속세를 계산하는지에 대한 의문이다. 나돈만씨는 상속받은 재산에 대해 각자 개별적으로 상속세를 계산하여 납부하는 것이 합리적이라는 생각이다.

조언방향::

상속세를 과세하는 방법은 크게 두 가지가 있다. 즉 상속인이 각자 받은 상속재산에 대해 각각 상속세를 부담하는 방법인 유산취득세제도와 피상속인의 재산을 하나로 보아 상속세를 계산한 후 상속인의 상속비율별로 상속세를 부담하는 유산세제도가 있다. 우리나라에서는 유산세제도를 채택하고 있다.

이론정리 및 심화학습

유산세 제도

우리나라에서 채택하고 있는 유산세제도는 피상속인(돌아가신 분)의 재산

전체를 하나로 과세하는 방식이다. 유산세제도에 의한 상속세액은 각자 상속자별로 상속세를 계산하는 유산취득세제도에 비해 상속세 부담이 크다.

| 유산취득세 제도 |

유산취득세 제도란 피상속인의 전체재산과 상관없이 상속인들이 각자 받은 상속재산에 대해 각각 상속세를 계산하여 납부하는 것을 말한다. 일본, 독일, 프랑스등의 나라에서 채택하고 있다.

작은사례 1

우리나라 상속세의 경우 상속인들이 받은 상속재산에 대해 각각 개별 계산하는 유산취득세제도가 아니라 상속재산 전체를 하나로 계산하는 유산세제도라는 조언에 나돈만씨는 그 차이를 알 듯 모를 듯하다. 생각하다 귀찮아진 나돈만씨는 '그게 그거지 뭐가 다르냐?' 며 심드렁해하고 있다.

많은 차이가 있다. 상속세가 단일세율로 되어 있다면 두 방식에 차이가 없겠지만 5단계 누진세율로 되어있는 현 상속세율하에서는 피상속인 재산을 하나로 보아 과세하는 유산세방식의 상속세부담이 훨씬 크다.

[유산세제도와 유산취득세제도]

구 분	내 용	상속세 부담
유산세제도	상속재산 전체를 하나로 보아 과세	크 다
유산취득세제도	상속인별로 받은 상속재산에 대해 개별과세	상대적으로 적다

> 작은사례 2

두 방식(유산세제도, 유산취득세제도)이 상속세부담에 많은 차이가 있다는 조언에 생각하기를 싫어하는 나돈만씨는 각설하고 상속세부담측면에서 금액적으로 얼마나 차이가 있는지만 알려달라고 재촉하고 있다. 장남이 30억원, 차남이 20억원 상속받는 경우 유산세제도와 유산취득세제도의 금액적 세금차이를 확인하고 싶은 것이다.

(1) 유산세제도에 의한 상속세액

상속세 과세표준이 50억원인 경우 유산세방식에 의해 상속세를 계산하면 20억4,000만원이다.

(2) 유산취득세제도에 의한 상속세액

상속인별로 상속세액을 계산하면 15억8,000만원(장남 10억4천만원, 차남 5억4천만원)이다.

[유산세 제도와 유산취득세 제도의 세부담 차이]

구 분		상속세액⁽주⁾	
유산세제도	20억4,000만원	장 남	12억2,400만원
		차 남	8억1,600만원
유산취득세제도	15억8,000만원	장 남	10억4,000만원
		차 남	5억4,000만원

(주) 상속세 계산시 각종공제 전혀 고려하지 않고 전액 과세표준으로 보아 단순계산한 것임

위의 표에서 보듯 유산세 제도에 의한 상속세액이 유산취득세 제도에 비해 4억6,000만원 많다는 것을 알 수 있다.

NOTE

상속·증여세율은 다음과 같이 5단계 누진세율이다.

[상속·증여세율표]

과세표준	세 율
1억원 이하	10%
1억원 초과 5억원이하	1,000만원 + 1억원 초과금액의 20%
5억원 초과 10억원이하	9,000만원 + 5억원 초과금액의 30%
10억원 초과 30억원이하	2억4,000만원 + 10억원 초과금액의 40%
30억원 초과	10억4,000만원 + 30억원 초과금액의 50%

13 CASE 고율(40%, 50%)적용대상 상속재산의 기부

사 례 연 구 ::

이러한 세차이에 놀란 나돈만씨는 상속·증여세율표를 보다가 다음과 같은 아이디어를 생각하고 있다. 상속세 과세표준 10억원 초과시 40%, 30억원 초과시 50%의 고율의 세율이 적용된다면 차라리 높은 한계세율(40%, 50%)에 해당하는 재산을 공익법인에 출연하게 되면 과세관청에 납부해야 할 고율의 상속세가 과세제외되는 등 많은 부분 세혜택을 받는 것 아니냐는 것이다.

조 언 방 향 ::

좋은 아이디어이다. 재산이 많은 분들은 사후상속이나 사전증여를 통해 공익법인에 상속·증여하게 되면 40% 또는 50%의 세금(상속세나 증여세)부담분이 과세가액불산입에 의해 과세되지 않기 때문에 상속·증여세가 절감된다. 따라서 이에 대해 적극적으로 검토해 보는 것이 필요하다.

이론정리 및 심화학습

| 상속세 과세가액 불산입 |

상속세의 경우도 증여세 과세가액 불산입 규정에서 살펴본 것처럼 상속재산중 공익법인에 출연한 재산은 상속세 과세가액에 산입하지 않는다.

> 작은사례

나돈만씨는 상속의 경우도 공익법인에 출연시 상속세 과세가액에 산입하지 않는 혜택이 있다는 조언에 상속에 의해 기부(출연)재산을 받은 공익법인도 외부전문가 세무확인 및 외부회계감사등과 같은 출연재산 사후관리 대상이 되는지 묻고 있다.

물론이다. 앞에서 살펴본 증여세 과세가액 불산입과 동일하게 세무확인 및 외부회계감사등이 적용된다. 따라서 이번 기회에 앞의 내용을 다시 한 번 복습하여 숙지하기 바란다.

14 CASE 출연재산에 대한 규정

사례연구 ::

나돈만씨의 친구이자 훌륭한 인격으로 존경받는 백거이씨가 올해 2월4일 돌아가시면서 자신의 재산중 절반인 20억원의 건물을 사회기관에 기부할 것과 나머지 금융재산 20억원은 아들 형제가 똑같이 10억원씩 나누어 가질 것을 유언장에 남겼다. 아들 형제는 공익법인에 출연하는 상속재산(건물 20억원)에 대해 상속세가 과세되지 않으려면 어떤 절차를 밟아야 하는지 문의하고 있다. 또한 언제까지 출연해야 하는지 등에 대해서도 꼼꼼히 질문하고 있다.

조언방향 ::

상속세 과세가액에 산입하지 않기 위해서는 우선 기본적으로 상속세 신고기한내에 출연을 이행해야 한다. 상속세 신고기한은 상속개시일이 속한 달로부터 6개월이내이다. 따라서 이들 형제는 8월 31일까지 출연을 완료하면 된다.

이론정리 및 심화학습

| 출연자산의 소유권이전 |

작은사례 1

상속세 신고기한내에 출연을 완료해야 한다는 조언에 이들 형제는 건물출연의 경우 올해 8월31일까지 출연한다는 약정서만 작성하면 되는 것인지 다시 문의하고 있다.

그렇지 않다. 출연의 완료는 출연재산의 모든 권리가 공익법인에게 넘어가야 한다. 부동산의 경우에는 등기·등록에 따라 소유권이 8월31일 이전에 완전히 이전되어야 상속세과세가액에 산입하지 않는다. 이때 소유권 이전은 등기접수일을 기준으로 한다.

| 출연시한의 연장 |

`작은사례 2`

이러한 조언에 이들 형제는 부동산을 8월31일 이전에 등기이전을 하려고 하고 있다. 그러나 건물에 여러 문제가 있어 출연시한을 넘길 수도 있을 것 같아 긴장하고 있다. 이들 형제는 혹시 출연시한이 연장되는 경우는 없는지 문의하고 있다.

출연시한이 연장되는 경우가 있다. 즉 다음의 사유가 있는 경우에는 그 사유가 종료된 날로부터 6개월 이내에 출연을 이행하면 된다.
① 법령상 또는 행정상 사유로 출연재산의 소유권이전이 지연되는 경우
② 상속받은 재산을 출연하여 공익법인을 설립하는 경우로서 법령상 또는 행정상 사유로 공익법인등의 설립허가가 지연되는 경우

| 출연자등의 이사취임 제한 |

출연자(특수관계인 포함)는 출연 공익법인 현재 이사수의 1/5을 초과하여 이사가 될 수 없고(현재 이사가 5명에 미달하는 경우에는 5명으로 본다) 이사의 선임등 공익법인의 사업운영에 관한 중요사항을 결정할 권한을 가지지 않아야 한다.

15 CASE 공익법인과 상속세 절세효과

사례연구 ::

친구 백거이씨가 재산중 절반을 공익법인에 상속했다는 소식에 나돈만씨도 상속계획에 대해 더욱 적극적으로 검토하고 있다. 나돈만씨는 자신의 재산 50억원중 10억원을 비영리공익법인인 사회복지법인에 상속하고 장남과 차남에게 동일하게 20억원씩 물려주면 전체적인 상속세 부담이 어떻게 달라지는지 질문하고 있다.

조언방향 ::

비영리법인에 상속·증여하게 되면 상속세 절세효과가 있다. 그 절세효과는 출연재산에 대한 한계세율에 따라 다르다. 심화학습에서 살펴보자.

이론정리 및 심화학습

| 나돈만씨 현재 상속세 |

나돈만씨가 재산전부를 자식들에게 상속해준 경우 총상속세액은 앞의 사례에서 보듯 20억4,000만원이다.

| 사회복지법인에 10억원 기부한 경우 |

나돈만씨가 10억원을 사회복지법인에 기부한 경우 상속세 과세가액에 불산입되므로 자식들이 상속한 상속세 과세표준 40억원에 대한 상속세액은 15억4,000만원이다.

[공익법인 출연시 상속세액]

구 분	상속재산 배분	상속세액	상속세 합계
자녀만 상속	장남 30억원	12억2,400만원	20억4,000만원
	차남 20억원	8억1,600만원	
복지법인도 상속	장남 20억원	7억7,000만원	15억4,000만원
	차남 20억원	7억7,000만원	
	복지법인 10억원	0원	
상속세액 차이			-5억원

NOTE

위의 표에서 보듯 상속재산중 10억원을 사회복지법인에 기부한 경우 상속세액은 5억원 줄어든다는 것을 알 수 있다.

| 출연재산 10억원의 실제 부담분 |

위에서 살펴본 것처럼 공익법인에 출연한 재산 10억원에 대한 나돈만씨의

상속세 한계세율은 50%이기 때문에 과세가액 불산입으로 인해 줄어든 상속세액 5억원은 어차피 정부에 내야 할 세금에서 지원된 것이라고 볼 수 있다.

[나돈만씨가 10억원 출연하는 경우]

구 분	공익법인 출연재산		부담 실체
총 출연금	10억원	5억원	상속세 절세분(사실상 정부 부담분)
		5억원	실제 부담분

16 CASE 공익법인과 유류분

사례연구 : :

아내와 사별하고 장성한 아들 2명만 있는 이와룡씨는 재산(20억원)을 자신의 모교인 명륜대학교에 사후에 유증하려고 한다. 두 아들은 전문직으로 많은 재산을 가지고 있어 상속재산이 없어도 사는데 아무 지장이 없다. 이와룡씨가 두 아들에게 이러한 뜻을 이야기했더니 웬걸 "절대 반대입니다"라는 입장이다. 이와룡씨는 그래도 유언장에 모든 재산을 명륜대학교에 상속한다고 서명 날인하였다. 이와룡씨는 유언장에 서명 날인했으니 모든 상속재산이 명륜대학교로 넘어갈 것으로 생각하고 있다.

조언방향 : :

이와룡씨의 상속재산이 전부 명륜대학교로 넘어가긴 어렵다. 법정상속인인 배우자와 직계비속(자녀등)은 민법상 법정상속비율의 1/2은 법으로 보장하고 있다. 이를 유류분이라고 한다. 아래에서 자세히 살펴보자.

이론정리 및 심화학습

| 유류분 제도 |

민법의 규정에 의하면 피상속인의 상속재산의 처분은 피상속인의 유언에 의한 것이 원칙이다. 그러나 법정상속인에 대해선 법정상속지분의 일정비율을 법(민법)에서 보장하는 유류분제도가 있다. 이러한 유류분제도에 의해 피상속인의 유언에 의한 자의적 상속재산 처분에 일정부분 제한을 가하고 있다.

작은사례 1

유류분에 의해 법으로 법정상속인의 상속권이 일정부분 보장된다는 조언에 이와룡씨는 깜짝 놀라며 민법상 법정상속비율이 무엇인지 알려달라고 하고 있다.

상속이 개시되어 피상속인의 배우자와 자녀가 공동상속인인 경우 민법상 법정상속비율은 배우자가 1.5이고 자녀는 기혼, 미혼, 아들, 딸에 상관없이 모두 1로 동일하다.

[법정상속비율]

구 분		법정상속비율
배우자		1.5
직계비속	장남	1
	출가한 장녀	1
	차남	1
	미성년자인 막내 딸	1

[민법상 상속순위]

구 분	상속인	비 고
1순위	직계비속과 배우자	
2순위	직계존속과 배우자	직계비속이 없는 경우
3순위	배 우 자	직계존·비속이 모두 없는 경우
4순위	형제자매	
5순위	4촌이내의 방계혈족	

작은사례 2

이러한 조언에 실망한 이와룡씨는 유류분을 고려하면 명륜대학교는 얼마를 상속받을 수 있는지 결론만 알려달라고 하고 있다.

이와룡씨의 상속재산 20억원중 장남과 차남의 법정상속비율은 동일하게 1이기 때문에 각자의 법정상속지분은 10억원이다. 따라서 장남의 유류분은 법정상속분 10억원의 1/2인 5억원이 된다. 이는 차남도 마찬가지다. 따라서 장남과 차남의 유류분 각각 5억원씩 총10억원은 자녀에게 상속되며 이를 제외한 10억원만 명륜대학교가 상속받을 수 있다.

작은사례 3

만일 이와룡씨가 20억원의 재산을 전액 장남에게만 모두 상속하는 경우에도 차남에 대한 유류분은 보장될까?

물론이다. 위의 **작은사례2** 에서 살펴보았듯이 차남의 유류분은 5억원이다. 따라서 장남은 차남의 유류분 5억원을 제외한 15억원을 상속받게 된다.

NOTE 사실혼 배우자
배우자는 법률상 배우자만을 의미한다. 따라서 사실혼 배우자는 상속인이 될 수 없다.

17 CASE 주식출연의 제한

사례연구 : :

작은 회사를 운영하는 이운영씨는 얼마전 즉흥적으로 가족에게 10억원을 공익법인에 사후 출연하겠다고 공언하고 있다. 이운영씨는 10억원의 출연재산을 자신이 보유하고 있는 비상장회사의 주식으로 하려고 한다. 그러면 세금도 줄이고 회사의 경영권도 안정적으로 확보할 수 있다는 생각이다. 이운영씨는 자신의 머리에 감탄하며 이에 대한 조언을 구하고 있다.

조언방향 : :

상증법상 과세가액에 불산입되는 주식출연의 경우 매우 까다로운 조건이 있다. 이는 주식출연을 통한 간접경영등의 편법을 방지하기 위해 강력한 규정을 두고 있는 것이다. 심화학습에서 살펴보자.

이론정리 및 심화학습

| 출연주식 과세원칙(5%) |

내국법인의 의결권 있는 주식을 공익법인등에 출연하는 경우 의결권 있는 주식의 비율이 5%이상이면 그 초과하는 가액은 상속세과세가액에 산입한다.

| 성실공익법인(10%, 20%) |

① 공익법인중 성실공익법인으로서 독점규제 및 공정거래에 관한 법률상의 상호출자제한기업집단과 특수관계에 있지 않는 성실공익법인의 경우는 10% 초과분에 대해서 과세가액에 산입한다.
② 위의 성실공익법인중 출연받은 주식의 의결권을 행사하지 않고, 자선·장학 또는 사회복지를 목적으로 한 성실공익법인에 출연한 주식에 대해서는 20%를 초과하는 것에 대해서만 상속세 과세가액에 산입한다.

[성실공익법인]

출연주식비율 10% 적용대상이 되는 성실공익법인은 외부감사, 전용계좌의 사용, 결산서류 공시, 장부작성·비치등의 대통령령의 요건을 모두 갖춘 공익법인으로 다음의 요건을 갖추어야 한다.
① 해당 공익법인등의 운용소득의 80%이상을 직접 공익목적사업에 사용할 것
② 출연자(주) 또는 특수관계 있는 자가 이사의 5분의 1을 초과하지 않을 것
③ 자기내부거래를 하지 않을 것
④ 전단에 따른 광고·홍보를 하지 않을 것
(주) 총출연가액의 1% 또는 2,000만원중 적은 금액 이하 출연자 제외

[공익법인 출연주식 과세]

구 분	출연주식 불산입 한도
일반공익법인	5%
성실공익법인	10%(의결권 행사하지 않는 성실공익법인등 20%)

> 작은사례

성실공익법인은 출연주식에 대한 혜택이 많다는 조언에 나돈만씨는 어떻게 하면 성실공익법인으로 인정받을 수 있는지 알려달라고 하고 있다.

성실공익법인은 위의 요건을 충족한 후 주무관청을 통해 지방국세청장에게 확인을 받아야 한다. 지방국세청장은 성실공익법인 해당여부를 국세청장에게 보고하고 국세청장은 그 결과를 해당 공익법인과 주무관청에 통보해야 하며 성실공익법인은 이후 5년마다 재확인 받아야 한다.

18 CASE 주식출연에 제한이 없는 경우

사례연구::

이운영씨는 출연주식에 대한 제한에 그럴수도 있다는 입장이지만 친구 오직돈씨는 주식기부에 제한이 있다는 것 자체가 불만이다. 재산이 대부분 주식인 사람은 좋은 취지에도 불구하고 주식을 처분하여 현금으로 기부하는 방법밖에 없는 것 아니냐는 것이다. 오직돈씨가 보유하고 있는 주식은 비상장주식이어서 처분할 수도 없는데 이런 방식으로 기부를 막는다면 말도 안된다며 흥분하고 있다.

조언방향::

상속세 및 증여세법에서는 초과출연주식에 대한 상속·증여세 과세를 보완하기 위해 초과하여 보유하더라도 전액 상속·증여세가 과세되지 않는 규정을 두고 있다. 아래에서 살펴보자.

이론정리 및 심화학습

| 초과출연주식 과세하지 않는 경우 |

내국법인의 의결권 있는 주식의 출연주식제한(5%, 10%, 20%)을 초과하더라도 과세가액에 산입하지 않는 경우는 상증법 집행기준(48-37-2)에 해당하는 공익법인으로 주무관청이 공익법인의 목적사업을 효율적으로 수행하기 위해 필요하다고 인정되는 경우이다.

[상증법 집행기준 48 – 37 – 2]

다음의 요건을 모두 충족하는 경우, 상호출자제한기업집단과 특수관계에 있지 않은 성실공익법인(설립된 날로부터 3개월이내에 주식등을 출연받고, 설립된 사업연도가 끝난 날부터 2년이내에 성실공익법인이 되는 경우 포함)이 3년이내 초과 출연부분을 매각하는 경우 및 공익법인의 설립허가에 관한 법령 등에 따라 출연한 경우에는 주식등 보유비율에 관계없이 전액 증여세 과세가액에 불산입한다.

(1) 공익법인의 요건
다음의 공익법인으로서 「독점규제 및 공정거래에 관한 법률」 제9조에 따른 상호출자제한기업집단과 특수관계에 있지 않은 공익법인이어야 한다.
① 성실공익법인
② 국가·지방자치단체가 출연하여 설립한 공익법인
③ 공공기관의 운영에 관한 법률 제4조 1항 3호에 따른 공공기관이 출연하여 설립한 공익법인
④ 위 ③에 해당하는 공익법인이 재산을 출연하여 설립한 공익법인

(2) 출연요건
위(1)의 공익법인의 출연자와 특수관계에 있지 않은 내국법인의 주식을 출연받아야 한다.

(3) 주무장관의 인정요건
주무장관이 공익법인등의 목적사업을 효율적으로 수행하기 위해 필요하다고 인정하는 경우이어야 한다.

19 CASE 영리법인과 상속·증여세

사례연구 : :
(주)삼진의 창업자인 나삼진씨는 생전에 미리미리 자녀들에게 회사의 경영권을 물려주었다. 그리고 이번에 돌아가시면서 남은 재산은 (주)삼진과 비영리공익법인인 삼진장학재단에 절반씩 기부하였다. 나삼진씨의 아들이자 (주)삼진의 대표이사겸 삼진장학재단의 이사장인 나병살씨는 삼진장학재단에 기부한 상속재산은 상속세과세가액에 불산입하는 것은 잘 알고 있다. 그런데 영리법인인 (주)삼진이 기부받은 상속재산에 대해서는 어떤 세금이 과세되는지 궁금해 하고 있다.

조언방향 : :
영리법인은 무상으로 받은 자산에 대해 상속·증여세납세의무는 없다. 하지만 영리법인이 무상으로 받은 자산(자산수증익)은 원칙적으로 법인세 과세대상이다.

이론정리 및 심화학습

작은사례

영리법인에 유증시 법인세 과세대상(자산수증익)이라는 조언에 나병살씨는 아버님은 원래 삼진장학재단에 모든 재산을 유증하려고 했지만 (주)삼진의 누적결손이 많아 어려움을 겪는 것이 안타까워 재산의 절반을 유증한 것인데 이에 대해 법인세를 과세하는 것은 너무하다는 반응이다.

원칙적으로 영리법인이 무상으로 받은 이익(자산수증익)은 법인세 과세대상이지만 자산수증익을 이월결손금보전에 사용한 경우에는 법인세 과세대상에서 제외한다.

[상속재산 법인 상속시 과세체계]

구 분		사용용도	적용세법	과세여부
영리법인			법인세법	자산수증익으로 과세(주)
비영리법인		고유목적사업	상속세 및 증여세법	과세가액 불산입
		수익사업	법인세법	자산수증익으로 과세

(주) 이월결손금 보전시 과세제외(익금불산입)

NOTE

영리법인이 자산수증익을 이월결손금 보전에 사용한 경우는 **6장 사례연구 2번(영리법인의 이월결손금보전에 사용)**에서도 자세히 다루고 있다.

비영리법인과 상속·증여세

1. 비영리법인과 증여세

비영리법인이 무상으로 자산을 증여받을 때에는 원칙적으로 증여세과세 대상이다.

2. 증여세의 대납

증여세는 수증자가 납세의무자이다. 그런데 증여세를 납세의무자인 수증자가 아닌 다른 자가 대신 납부한 경우 대납한 증여세를 또 다른 증여로 보아 증여세를 과세한다.

3. 상속·증여세율

상속·증여세율은 다음과 같이 5단계 누진세율이다.

[상속·증여세율표]

과세표준	세율
1억원 이하	10%
1억원 초과 5억원이하	1,000만원 + 1억원 초과금액의 20%
5억원 초과 10억원이하	9,000만원 + 5억원 초과금액의 30%
10억원 초과 30억원이하	2억4,000만원 + 10억원 초과금액의 40%
30억원 초과	10억4,000만원 + 30억원 초과금액의 50%

4. 증여세 연대납세의무

증여세의 납세의무자는 수증자지만 다음의 경우에는 증여자는 수증자와 연대하여 증여세를 납부할 연대납부의무가 있다.
① 수증자의 주소 또는 거소가 불분명하여 조세채권확보가 곤란한 경우
② 수증자가 증여세를 납부할 능력이 없다고 인정되는 경우로서 체납으로 인한 체납처분에 의해도 조세채권확보가 곤란한 경우

5. 증여재산공제

개인이 증여받은 경우 증여재산공제는 다음과 같다.
① 배우자로부터 증여받는 경우 : 6억원
② 직계존비속으로부터 증여받는 경우 : 5,000만원. 단 증여받는 자가 미성년자(19세미만)인 경우에는 2,000만원
③ 6촌이내의 혈족, 4촌이내의 인척으로부터 증여받는 경우 : 1,000만원

비영리법인이 증여받은 경우에는 증여재산공제금액은 없다.

6. 비과세와 과세가액 불산입

비과세와 과세가액 불산입은 증여세를 내지 않는다는 면에서 동일하지만 사후관리측면에서 큰 차이가 있다. 비과세 대상은 사후관리가 없지만 과세가액 불산입된 출연재산은 사후관리 규정을 준수하지 않으면 증여세가 추징된다.

[비과세와 과세가액 불산입]

구 분	과세대상 여부	증여세	사후관리규정	위반시
비과세	과세대상 아님	납부할 증여세 없음	해당 없음	
과세가액 불산입	과세가액에서 차감		있 음	즉시 증여세 과세

7. 과세가액 불산입 대상 공익법인

① 증여재산에 대해 과세가액 불산입을 적용받을 수 있는 공익법인의 범위는 다음과 같다.

> ① 종교법인(종교의 보급 기타 교화에 현저히 기여하는 사업)
> ② 학교법인, 유치원(초중등교육법, 고등교육법, 유아교육법에 의한)
> ③ 사회복지법인(사회복지사업법의 규정에 의한)
> ④ 의료법인(의료법에 따른)
> ⑤ 그 外 법인세법, 소득세법에 의해 인정된 기부금단체등

② 공익법인이 아닌 비영리법인은 증여재산에 대한 과세가액 불산입 규정을 적용받을 수 없다.

[과세가액 불산입 적용대상]

구 분	과세가액 불산입
비영리 공익법인	적용 가능
공익법인이 아닌 비영리법인	적용 불가능

8. 공익법인 관리규정

(1) 공익법인의 세무확인

공익법인은 출연받은 재산의 공익목적사업 사용여부등에 대해 외부전문가의 세무확인을 받아야 하지만 소규모공익법인(총자산 5억미만이며 당해사업연도 수입금액과 출연받은 재산 합계액이 3억원미만)은 외부전문가 세무확인대상에서 제외한다.

(2) 공익법인의 외부회계감사

공익법인은 외부전문가 세무확인외에 사업연도별로 감사인(주식회사등의 외부감사에 관한 법률에 의한)에게 회계감사를 받아야 하지만 소형공익법인과 종교법인, 학교법인등은 회계감사를 받지 않아도 된다.

[세무확인·회계감사 대상 공익법인]

구 분		대 상
공익법인	세무확인	총자산 5억원이상 or 수입금액+출연받은 재산 합계액 3억원이상
	회계감사	대형공익법인 • 총자산 100억원이상 or • 수입금액+출연받은 재산 합계액 50억원이상 or • 출연받은 재산 20억원이상 　단, 종교법인, 학교법인 제외

9. 증여후 반환

증여받은 재산을 다시 반환하는 경우 원칙적으로 또 다른 증여세 과세대상이다. 그러나 반환하는 시점에 따라 다음과 같이 달라진다.

[증여재산 반환과 증여세]

구 분	최초증여	반 환
신고기한내 반환	과세대상 아님	과세대상 아님
신고기한 경과후 3월이내 반환	증여세 과세	과세대상 아님
신고기한 경과후 3월이후 반환	증여세 과세	증여세 과세

10. 상속세와 증여세의 부과권 제척기간

상속세와 증여세의 부과권 제척기간은 상속(증여)세 신고기한 다음날부터 10년(무신고의 경우 15년)이다. 하지만 포탈 상속·증여재산이 50억원을 초과하는 경우에는 그 사실을 안 날로부터 1년이내에 상속·증여세를 부과할 수 있다.

11. 상속세 납세의무자

상속이 개시되면 상속인은 피상속인의 모든 재산을 합산하여 계산한 상속세를 납부할 의무가 있다.

12. 유산세제도와 유산취득세제도

유산세제도는 피상속인(돌아가신 분)의 재산전체를 하나로 과세하는 방식이다. 반면 유산취득세제도는 피상속인의 전체재산과 상관없이 상속인들이 받은 상속재산에 대해 각자 상속세를 계산하여 납부하는 제도이다. 유산세제도에 의한 상속세액이 유산취득세제도에 비해 부담이 크다.

[유산세제도와 유산취득세제도]

구 분	내 용	상속세 부담
유산세제도	상속재산 전체를 하나로 보아 과세	크다
유산취득세제도	상속인별로 받은 상속재산에 대해 개별과세	상대적으로 적다

13. 출연재산의 출연시한

상속세 과세가액에 산입하지 않기 위해서는 상속세신고기한내에 출연을 이행해야 한다. 상속세 신고기한은 상속개시일이 속한 달로부터 6개월 이내이다. 다만 다음의 사유가 있는 경우에는 그 사유가 종료된 날로부터 6개월 이내에 출연을 이행하면 된다.
① 법령상 또는 행정상 사유로 출연재산의 소유권이전이 지연되는 경우
② 상속받은 재산을 출연하여 공익법인을 설립하는 경우로서 법령상 또는 행정상 사유로 공익법인등의 설립허가가 지연되는 경우

14. 상속인의 이사취임 제한

상속인은 출연된 공익법인의 이사의 1/5을 초과하여 이사가 될 수 없고 (현재이사가 5명에 미달하는 경우에는 5명으로 본다) 이사의 선임등 공익법인등의 사업운영에 관한 중요사항을 결정할 권한을 가지지 않아야 한다.

16. 유류분제도

피상속인의 상속재산의 처분은 피상속인의 유언에 의한 것이 원칙이다. 그러나 법정상속인은 법정상속지분의 일정비율을 법(민법)에서 보장하는 유류분제도가 있다. 유류분제도 의해 피상속인의 유언에 의한 상속재산 처분에 제한을 가하고 있다.

17. 민법상 법정상속지분

[법정상속지분]

구 분		법정상속비율
배우자		1.5
직계비속	장남	1
	출가한 장녀	1
	차남	1
	미성년자인 막내 딸	1

18. 상속순위

민법상 상속순위는 다음에 의한다. 이때 배우자란 법정 배우자만을 의미한다. 따라서 사실상 배우자는 상속권이 없다.

[민법상 상속순위]

구 분	상속인	비 고
1순위	직계비속과 배우자	
2순위	직계존속과 배우자	직계비속이 없는 경우
3순위	배 우 자	직계존·비속이 모두 없는 경우
4순위	형제자매	
5순위	4촌이내의 방계혈족	

19. 비영리법인 출연주식과 과세

(1) 원칙

내국법인의 의결권 있는 주식을 공익법인등에 출연하는 경우 의결권 있는 주식의 비율이 5%이상인 경우 그 초과하는 가액은 상속세과세가액에 산입한다.

(2) 예외

① 공익법인중 성실공익법인으로서 독점규제 및 공정거래에 관한 법률상의 상호출자제한 기업집단과 특수관계에 있지 않은 성실공익법인

의 경우는 10% 초과분에 대해서 과세가액에 산입한다.
② 위의 성실공익법인중 출연받은 주식의 의결권을 행사하지 않고, 자선·장학 또는 사회복지를 목적으로 한 공익법인에 출연한 주식에 대해서는 20%를 초과하는 것에 대해서만 상속세 과세가액에 산입한다.

[공익법인 출연주식 과세]

구 분	출연주식 불산입 한도
일반공익법인	5%
성실공익법인	10%(의결권 행사하지 않는 성실공익법인등 20%)

20. 성실공익법인 지정절차

성실공익법인은 상증법의 규정요건을 충족한 후 주무관청을 통해 지방국세청에게 확인을 받아야 한다. 지방국세청장은 해당여부를 국세청장에게 보고하고 국세청장은 그 결과를 해당 공익법인과 주무관청에 통보해야 한다.

21. 초과출연주식 과세하지 않는 경우

내국법인의 의결권 있는 주식의 출연주식제한(5%,10%,20%)을 초과하더라도 상증법 집행기준 48-37-2에 해당하는 공익법인으로 주무관청이 공익법인의 목적사업을 효율적으로 수행하기 위해 필요하다고 인정되는 경우에는 과세가액에 산입하지 않는다.

22. 영리법인과 상속·증여세

영리법인은 무상으로 받은 자산에 대해 상속·증여세납세의무는 없다. 하지만 영리법인이 무상으로 받은 자산(자산수증익)은 원칙적으로 법인세 과세대상(이월결손금 보전에 사용시 제외)이다.

06

비영리법인의 출연재산 사후관리

1 CASE 영리법인이 증여받은 경우

사례연구 ::

대기업 임원으로 은퇴한 안노련씨는 대형선교재단인 빛과 소금 선교재단의 총괄이사로 취임하였다. 안노련씨는 영리법인에 대해서는 일가견이 있으나 공익법인은 처음이다. 이번에 후원자로부터 시가 20억원 상당의 건물을 증여받을 예정인 선교재단의 안노련씨는 비영리법인이 증여 받으면 원칙적으로 증여세과세대상이라는 조언에 법인이 무상으로 부동산을 받으면 자산수증익으로 법인세 과세대상이 아니냐고 대기업 임원출신다운 질문하고 있다.

조언방향 ::

앞의 사례(5장 사례연구 19)에서 보듯 영리법인이 무상으로 자산을 이전받는 것은 자산수증익으로 보아 법인세를 과세하는 것이 원칙이다. 그리고 비영리법인이 자산을 무상으로 이전받는 경우 증여세 과세대상이 된다.

이론정리 및 심화학습

| 자산의 무상이전 |

무상으로 자산을 이전받는 경우 법인세가 과세되면 증여세는 과세하지 아

니한다. 따라서 비영리법인은 증여세 과세대상이지만 자산수증익으로 법인세를 과세하는 영리법인은 증여세 과세대상에서 제외된다.

[자산 무상이전과 과세]

구 분	자산 무상 이전시
영리법인	법인세 과세
비영리법인	증여세 과세

2 CASE 영리법인의 이월결손금 보전에 사용

사례연구::
이러한 조언에 안노련씨는 나름대로 노력한 척 하면서 계속 나서고 있다. 자신이 임원으로 근무하던 대기업의 경우 세계적 금융위기 시절 대주주로부터 부동산을 무상으로 이전 받았는데 전혀 법인세를 내지 않았다는 것이다.

조언방향::
그럴 수 있다. 영리법인의 자산수증익은 익금산입항목으로 법인세 과세대상이지만 무상으로 받은 자산수증이익으로 회사의 이월결손금보전에 충당한 경우에는 익금으로 보지 않아 법인세과세에서 제외한다.

이론정리 및 심화학습

| 이월결손금 공제시한 |

법인세법상 발생한 이월결손금은 이후 10년간 발생하는 법인소득에서 차감할수 있다. 즉 이월결손금의 공제시한은 10년이다. 그런데 자산수증익으로 보전가능한 이월결손금은 10년의 시한이 없다. 따라서 10년이전에 발생하여 법인세법상 공제시한이 지난 이월결손금을 자산수증이익으로 보전한다면 회사의 절세에 있어 유용하며 자본건실화에도 절대적으로 기여할 수 있다.

[이월결손금 공제시한]

구 분		공제시한
이월결손금	원 칙	10년간 시한 있음
	예 외	자산수증익으로 보전시 시한 없음

3 CASE 개인사업자가 증여받는 경우

사례연구::

노련하다기보다 머리가 잘 돌아가는 안노련씨는 법인이 자산을 무상으로 받은 경우 법인세를 과세하면 증여세 과세대상이 아니라는 조언에 그러면 개인사업자인 출판사업자가 부동산등을 증여받아 출판사업에 사용하면 증여세가 아닌 소득세가 과세되는 것 아니냐며 날카로운 질문을 하고 있다.

조언방향::

그렇다. 현실적으로 많지는 않지만 개인사업자가 증여받은 경우도 증여세법의 「증여재산에 대해 수증자에게 소득세 또는 법인세가 과세되는 경우 증여세를 부과하지 아니한다」는 규정에 의해 수증받은 자산에 소득세가 과세(사업소득의 수입금액으로 계상)된다면 증여세를 과세하지 않는다.

이론정리 및 심화학습

| 사업 관련성이 없는 경우 |

개인사업자라고 하더라도 사업과 관련하여 증여 받은 것이 아니고 단순히 증여받은 것은 당연히 소득세가 아닌 증여세 과세대상이다.

[개인사업자와 증여]

구 분	과세되는 세금
수증자가 사업과 관련하여 받은 경우	사업소득세(종합소득세)과세
수증자가 사업자가 아닌 경우	증여세 과세

4 CASE 개인사업자의 결손금 보전에 사용

사례연구::

영리법인이 자산수증익을 이월결손금 보전에 사용하면 익금불산입한다는 조언에 안노련씨는 다음과 같은 질문을 하고 있다. 자신의 고등학교 동창인 나동창씨는 개인출판사를 하는데 누적 결손금만 3억원에 달한다. 아버지께 도움을 요청하여 증여받은 3억원의 재산을 출판사업 누적결손금(3억원) 보전에 사용하려한다. 그러면 증여세도 내지 않고 소득세도 내지 않아(자산수증익을 이월결손금 보전에 사용) 많은 혜택을 볼 수 있는 것 아니냐는 질문이다.

조언방향::

그렇다. 개인사업자의 경우에도 자산수증이익으로 사업관련 이월결손금 보전에 사용한 경우 소득세법상 사업소득의 총수입금액에 불산입하기 때문에 절세에 절대적으로 유리하다.

이론정리 및 심화학습

[자산수증익과 과세]

구 분		해당 세법	사 용	처 분
자산수증이익	영리법인	법인세과세	이월결손금 보전시	익금불산입
	개인사업자	소득세과세		총수입금액 불산입

5 CASE 출연재산 목적사업에 사용

사 례 연 구 : :

안노련씨는 공익법인인 선교재단에 증여한 재산이 증여세과세대상이 된다는 자체가 낯설지만 다행히 공익법인이 증여받은 재산은 증여세 과세가액에 불산입하여 증여세가 과세되지 않는다는 조언에 당연하다고 생각하고 있다. 안이사는 20억원 상당의 건물을 출연(증여)받으면 2년은 이사장사택으로 사용하다 매각하여 선교비용으로 사용하겠다는 계획을 이사장에게 보고하고 있다.

조 언 방 향 : :

안된다. 상속세 및 증여세법에서는 공익법인의 출연재산에 대해 과세가액 불산입 혜택을 주는 대신 엄격한 출연재산 사후관리를 하고 있다. 이러한 사후관리규정을 위반하면 증여세를 과세한다. 따라서 주의 깊게 출연재산 사후관리규정을 숙지하고 준수해야한다.

이론정리 및 심화학습

| 출연재산 사용계획서 제출 |

공익법인이 재산을 출연(증여)받은 경우 그 출연받은 재산의 목록과 사용계획 및 진도에 관한 보고서를 사업연도 종료일로부터 3개월이내에 납세지 관할세무서장에게 제출하여야 한다.

| 고유목적사업에 사용 |

사후관리의 가장 기본적으로 주의해야 할 사항은 출연받은 재산을 고유목적사업이 아닌 곳에 사용하는 경우이다. 선교재단이 출연받은 건물을 이사장사택으로 사용하는 것은 고유목적사업에 사용한 것으로 보지 않기 때문에 즉시 증여세를 과세한다.

작은사례

이러한 조언에 안노련씨는 이사장 사택으로 사용하려던 계획을 포기하고 즉시 매각하여 선교사업에 사용하려고 하고 있다. 그런데 건물의 입지조건이 좋지 않아 매각이 어려워 계속 방치중이다. 안노련씨는 출연받은 재산을 계속 방치하고 있어도 상관없는지 문의하고 있다.

출연받은 재산을 출연받은 날로부터 3년이내에 직접 공익목적사업에 사용하지 않으면 증여세를 추징한다.

[출연재산 증여세 과세]

구 분		과세 시점
출연재산	목적사업 용도외 사용	즉시 증여세 과세
	3년이내 목적사업 미사용	3년이 되는 날 증여세 과세

NOTE 종교사업과 헌금

종교사업에 출연하는 헌금은 사후관리를 받는 출연재산에서 제외한다. 그러나 헌금도 현금이 아닌 부동산이나 주식인 경우 출연재산의 사후관리대상임에 주의해야 한다.

6 CASE 부득이한 사유가 있는 경우

사례연구 : :
이러한 조언에 안노련씨의 친구이자 비영리공익법인인 장학재단에 근무하는 장학성씨는 자신의 장학재단은 증여받은 토지가 있지만 관련법등에 의해 개발등이 제한되어 공익목적사업에 사용이 당분간 어렵다고 한다. 장학성씨는 이런 경우에도 3년후 꼼짝없이 증여세를 과세당해야 하는지 문의하고 있다.

조언방향 : :
그렇지는 않다. 직접 고유목적사업등에 사용하는데 장시간이 걸리거나 '부득이한 사유'가 있는 경우에는 세무서장에게 보고하고 그 사유가 없어진 날로부터 1년이내에 직접 고유목적사업에 사용하면 된다. '부득이한 사유'란 법령상 또는 행정상 부득이한 사유로 3년 이내에 전부 사용하는 것이 곤란한 경우로서 주무부장관이 인정한 경우를 말한다.

NOTE 출연재산 세무위험 관리
공익법인이 출연받은 부동산을 여러 가지 이유로 방치하고 있는 경우가 많다. 출연받은 재산이 있는 공익법인의 내부관리자는 이에 대한 규정을 확실히 학습한 후 출연재산관리를 위한 Check List를 만들어 추후에 발생할 수 있는 증여세 추징위험에 대비해야 한다.

7 CASE 수익사업에 사용하는 경우

사례연구 : :

안노련이사는 출연재산에 대한 세무서의 사후관리가 너무 융통성이 없다고 불만이다. 경기가 좋지 않고 위치도 좋지 않아 매각이 고민인 안이사는 차라리 월세로 임대주는 것을 검토하고 있다. 하지만 임대소득은 수익사업이어서 새로 사업자등록 하는 것도 부담이고 법인세 문제도 있어 머리아파하면서 혹시 출연재산을 수익사업에 사용하면 즉시 증여세 추징당하는 것 아닌가 하는 지레짐작에 불안해하고 있다.

조언방향 : :

그렇지 않다. 출연받은 재산을 수익사업에 사용하더라도 수익사업의 운용소득을 직접 공익목적사업에 사용하면 상관없다. 따라서 안노련이사는 포기하지 말고 추진하면 된다.

이론정리 및 심화학습

| 출연재산을 수익사업에 사용한 경우 |

출연재산을 목적사업이 아닌 다른 곳에 사용하면 즉시 증여세를 과세하지만 출연재산을 수익사업에 사용하여 그 운용소득을 직접 목적사업에 사용하면 증여세를 과세하지 않는다.

> 작은사례

이러한 조언에 안노련씨는 매우 좋아하며 담당직원에게 가급적 빨리 수익사업을 개시할 것을 지시하고 있다. 안노련씨는 월세를 받으면 한 3년정도 느긋하게 모아 한방에 목적사업인 선교사업에 크게 사용할 생각이다.

안된다. 가산세 과세대상이다. 출연받은 재산을 수익사업에 사용하는 경우 수익사업에서 발생한 운용소득을 1년이내에 목적사업에 70%이상 사용하지 않으면 미달사용금액의 10%를 가산세로 납부해야 한다.

8 CASE 운용소득 미달사용시 가산세

사례연구 ::

출연재산의 수입사업 운용소득을 1년이내에 70%에 미달사용하면 가산세가 부과된다는 소리에 안노련씨는 놀라고 있다. 가만 생각하던 안노련씨는 가산세라면 증여세가 과세되고 거기에 덧붙여 가산세를 낸다는 소린지 아니면 그냥 미달사용금액의 10%만 증여세의 가산세로 내라는 것인지 모르겠다고 하고 있다.

조언방향 ::

출연재산을 수익사업에 사용하여 발생한 운용소득을 1년이내에 70%이상 목적사업에 사용하지 않은 경우 출연재산에 대한 증여세를 과세하는 것은 아니다. 가산세가 부과된다.

이론정리 및 심화학습

| 미달 사용시 가산세 부과 |

수익사업에서 발생한 운용소득을 기준사용비율(1년 70%)에 미달하여 사용한 경우 수익사업에 대한 법인세 신고·납부할 때 미달사용금액의 10%를 납부할 법인세에 가산하여 납부해야한다.

9 CASE 운용소득을 다른 곳에 사용한 경우

사례연구 : :

이러한 조언에 안노련씨는 만일 선교재단의 사정이 급박하여 출연재산의 수익사업 운용소득을 목적사업이 아닌 곳에 사용하면 어떻게 되는지 추가로 묻고 있다. 안노련씨는 별 상관없을 것이라는 생각이다. 어차피 가산세 10%만 부담하면 되니까 우선 급한 불부터 끄는 것이 당연한 것 아니냐는 것이다.

조언방향 : :

큰일난다. 운용소득을 기준사용(70%)금액에 미달하여 사용하면 가산세 과세대상이지만 운용소득을 목적사업에 사용하지 않고 다른 곳에 사용하면 즉시 출연재산에 대한 증여세가 과세된다. 주의하여야 한다.

이론정리 및 심화학습

| 증여세 과세가액 산정 |

출연재산의 수익사업 운용소득을 공익목적 외(外) 사용하여 증여세가 과세되는 경우 과세가액 산정은 다음에 의한다.

[과세가액 산정]

증여세 과세가액 = 출연재산(주)평가액 × 공익목적外 사용금액/운용소득

(주) 출연재산중에서 고유목적사업에 직접 공한 부분은 제외한다.

출연재산 운용소득에 대한 규제

[운용소득 사용에 따른 과세]

구 분	사용내역	과세내용
출연재산 운용소득	기준사용(70%) 미달사용	미달사용금액에 대해 가산세(10%)
	고유목적 외(外) 사용	즉시 출연재산에 증여세과세

10 CASE 출연재산을 매각하는 경우

사례연구 : :

빛과 소금 선교재단의 안노련이사는 조언을 종합하여 검토한 후 출연재산인 건물을 월세를 주고 수익사업 개시할 것을 결심하였다. 그런데 갑자기 출연건물을 사겠다는 사람(성급한씨)이 나타났다. 성격이 급한 성급한씨 덕분에 일이 일사천리로 진행되어 20억원에 매각하기 직전이다. 현금 20억원이 들어오면 안이사는 매년 2억원씩 10년에 걸쳐 고유목적사업에 사용하겠다는 생각이다.

조언방향 : :

출연재산을 매각하는 경우 매각대금을 고유목적사업에 직접 사용해야 한다. 그런데 사용기한은 무한정 허용되는 것이 아니라 3년이내에 매각대금의 90%이상을 직접 고유목적사업에 사용해야한다. 그렇지 않으면 미달사용금액에 대해 증여세가 과세된다.

이론정리 및 심화학습

| 출연재산 매각대금의 사용강제 |

출연 받은 재산을 매각하고 그 매각대금을 매각일이 속하는 과세기간 또는 사업연도 종료일로부터 3년이내에 직접 공익목적사업에 사용한 실적이

90%에 미달하는 경우에는 그 미달금액에 대해 증여세를 과세한다.

> 작은사례

이러한 조언에 안노련이사는 '큰일날뻔 했다'며 가슴을 쓸어내리며 고마워하고 있다. 계획을 바꾼 안이사는 어차피 3년후에 큰 선교행사가 있으니 그 때 몰아쓰면 되겠다고 계획을 수정하였다.

주의할 사항이 있다. 물론 3년안에 출연재산 매각대금의 90%을 고유목적사업에 사용하면 증여세 과세대상은 되지 않는다. 그러나 3년의 기간중 1년내에 30%, 그리고 2년내에 60%이상을 고유목적사업에 사용하지 않으면 미달사용 금액에 10%의 가산세가 부과되니 주의해야 한다.

[가산세와 증여세]

구 분	1년이내	2년이내	3년이내
기준사용금액	30%	60%	90%
부과세금	미달사용금액 가산세(10%)		미달사용금액 증여세(10%~50%)

11 CASE 매각대금을 수익사업에 사용한 경우

사례연구 : :

이러한 조언에 안이사는 증여받은 건물을 매각하는 경우 매각대금을 3년후 일시에 목적사업(선교행사)에 사용하려는 계획을 또 수정하고 있다. 안이사는 입지가 좋지않은 출연건물을 싸게라도 매각한 후 그 대금으로 입지조건이 좋은 작은 건물을 구입하여 월세를 받을 계획이다. 안노련이사는 혹시 출연재산 매각대금을 수익사업용 자산취득에 사용하는 경우 증여세가 추징되는지 문의하고 있다.

조언방향 : :

과세되지 않는다. 출연재산 매각대금으로 수익사업용 자산취득에 사용한 경우에도 출연재산을 직접 수익사업에 사용한 것과 동일하게 수익사업에서 발생한 운용수익을 1년에 70%이상 직접 목적사업에 사용한다면 과세하지 않는다.

이론정리 및 심화학습

| 매각대금을 수익사업에 사용 |

출연재산을 직접 수익사업에 사용한 경우나 출연재산을 매각후 매각대금으로 수익사업용 자산을 취득한 경우나 모두 증여세 추징대상이 아니다.

다만 수익사업 운용수익의 70%이상을 1년이내에 목적사업을 위해 사용해야 한다.

[수익사업사용과 과세여부]

구 분		과세여부
출연재산	직접 수익사업에 사용	• 증여세 과세 안함 • 운용수익 70%(1년이내) 미달사용시 가산세
	매각대금을 수익사업에 사용	

12 CASE 출연재산을 다른 공익법인에 재출연하는 경우

사례연구 : :

출연건물을 20억원에 바로 계약할 것 같았던 성급한씨가 갑자기 계약을 연기하고 있다. 침착하기로 소문난 여동생 성숙한여사의 조언, 즉 천천히 여러 조건을 고려하지 않으면 성급한씨보다 성격이 훨씬 불같은 아버지 성마른씨로부터 '날벼락이 떨어지지 않겠느냐'는 성숙한 조언 때문이다.

대기업에서 임원으로 산전수전 공중전을 다 겪어 '비영리 공익법인쯤이야'라고 만만히 생각하던 안노련씨는 기진맥진한 상태이다. 그러던 어느날 빛과소금 선교재단의 자매재단인 세계로 선교재단이 자금난을 겪는다는 소식에 차라리 출연재산을 세계로 선교재단에 넘겨버렸으면 좋겠다고 생각하고 있다. 하지만 세금문제가 어떻게 되는지 몰라 이러지도 저러지도 못하고 있다.

조언방향 : :

그것도 좋은 방법이다. 빛과 소금 선교재단의 자매재단인 세계로 선교재단도 공익목적의 비영리법인이다. 공익법인이 출연받은 재산을 다른 공익법인에게 다시 출연하는 것도 직접 공익목적사업에 사용하는 것으로 본다.

이론정리 및 심화학습

| 출연받은 재산을 다른 공익법인에 재출연한 경우 |

출연받은 재산을 효율적으로 사용하기 위해 다른 공익법인에 출연하는 것도 직접 공익목적사업에 사용하는 것으로 본다.

NOTE

출연받은 재산을 다른 공익법인에 재출연하기 위해서는 주무관청의 허가를 받아야 한다.

13 CASE 출연재산 사후관리규정의 통합정리

사례연구 : :

출연재산에 대한 그동안의 조언에 안노련이사는 고마워하면서도 상증법상 출연재산 사후관리규정이 너무 복잡하다고 불평하고 있다. 자신의 사용계획을 사후관리규정에 의해 수정에 수정을 거듭하면서 머릿속이 복잡해진 안노련이사는 갈수록 더 헷갈려하고 있다. 학창시절부터 공부는 몰라도 정리정돈에는 일가견 있다고 자타가 인정하는 안이사는 지금까지 자기가 겪은 내용을 중심으로 출연재산에 대한 사후관리 내용을 일목요연하게 정리하고자 한다.

조언방향 : :

좋은 생각이다. 출연재산에 대한 사후관리규정이 복잡하기 때문에 안이사처럼 정리하여 자신의 것으로 만드는 것이 중요하다. 심화학습에서 정리해보자.

이론정리 및 심화학습

| 주요 출연재산 사후관리 규정 |

(1) 출연재산을 미사용하고 방치

출연재산을 3년이내에 사용하지 않으면 즉시 증여세를 과세한다.

(2) 출연재산을 고유목적사업에 사용
가장 이상적인 방법으로 아무 규제 없다.

(3) 출연재산을 직접 수익사업에 사용
수익사업에서 발생한 운용소득의 70%이상을 1년이내에 고유목적사업에 사용해야하며 미달사용시 가산세를 부과한다.

(4) 출연재산을 다른 용도로 사용
즉시 증여세를 과세한다.

(5) 출연재산 처분후 매각대금을 고유목적사업에 사용
매각대금을 3년이내에 고유목적사업에 90%이상 사용하지 않으면 미달사용금액에 대해 증여세를 과세하며 1년이내 30%, 2년이내 60%이상 사용하지 않으면 증여세를 과세하지는 않지만 가산세가 부과된다.

(6) 출연재산 처분후 매각대금을 수익사업에 사용
수익사업에서 발생한 운용소득의 70%이상을 1년이내에 고유목적사업에 사용해야하며 미달사용시 가산세를 부과한다.

(7) 출연재산을 다른 공익법인에 재출연
주무관청의 승인을 받은 경우 출연재산을 직접 고유목적사업에 사용한 것으로 본다.

[출연재산 사후관리규정]

출연재산을	규제내용
미사용 방치(3년)	증여세 과세
고유목적사업에 직접사용	가장 이상적 방법, 규제 없다
수익사업에 직접사용	운용소득 기준사용비율[주1] 준수해야 함
다른 용도로 사용	즉시 증여세과세
처분후 매각대금을 목적사업에 사용	3년내 90% 미달사용시 증여세 과세[주2]
처분후 매각대금을 수익사업에 사용	운용소득 기준사용비율[주1] 준수해야함
다른 공익법인에 출연	주무관청 승인 있으면 OK

(주1) 운용소득의 70%이상을 1년이내에 고유목적사업에 사용해야 함
(주2) 1년이내 30%이상, 2년이내 60% 미달사용시 가산세 부과

14 CASE 출연자등이 이사로 취임하는 경우

사례연구::

증여받은 건물의 활용에 대해 우왕좌왕하던 안노련이사는 생각다 못해 건물을 증여한 신앙심여사를 만나 의논하고 있다. 하지만 신앙심만이 가득한 신여사는 하나님께서 사용처를 알려주실 거라며 오직 기도할 것만을 조언하고 있다. 그런데 신앙심이 깊지만 그에 못지않게 자식에 대한 사랑도 깊은 신앙심여사는 자신의 딸이 빛과 소금 선교재단직원으로 합류하여 하나님의 복음사역에 동참했으면 좋겠다는 뜻을 간접적으로 표현하고 있다. 당황한 안노련이사는 검토해보겠다며 한발을 빼고 있다.

조언방향::

주의해야 한다. 왜냐하면 출연자 또는 그와 특수관계인이 출연한 공익법인의 이사나 임직원으로 취임하는 경우에는 관련 경비를 가산세로 부과하는 엄격한 규정이 있다.

이론정리 및 심화학습

| 출연자등에 대한 가산세 |

출연자 또는 그와 특수관계인이 출연한 공익법인에 이사가 되거나 임직원이 되는 경우에 가산세 과세대상이 되는 경우가 있다.

(1) 이사가 되는 경우

출연자등이 현재 이사의 1/5을 초과하여 이사가 되면 그 초과이사에 대한 관련비용을 가산세로 부과한다. 현재 이사가 5명에 미달하는 경우에는 5인으로 본다.

(2) 임직원이 되는 경우

출연자등이 이사를 제외한 임직원이 되는 경우 그와 관련된 비용을 가산세로 부과한다.

| 가산세 부과금액 |

가산세 부과대상 이사, 임직원의 직·간접경비에 상당하는 금액 전액이 가산세로 부과된다. 이때 경비란 해당 이사, 임직원의 급료, 판공비, 비서실 운영비, 차량유지비등을 말한다. 단, 의사, 학교 교직원, 보육사, 사서. 학예사, 사회복지사 자격을 가진 자와 관련된 경비는 제외한다.

15 CASE 부득이한 이사비율의 변화

사례연구 ::

이러한 조언에 안노련이사의 친구인 우엄격씨의 공익법인은 총이사진 12명중 출연자인 우엄격씨 자신과 딸인 우유순씨가 이사이어서 기준비율(1/5)을 초과하지는 않았다. 그런데 얼마전 내부갈등으로 인해 이사 3명이 한꺼번에 사임을 해 이사가 9명으로 줄었다. 그래서 이제 출연자등의 이사비율이 기준비율(1/5)을 초과(2/9)하게 되는데 그러면 자신과 딸 관련 비용은 가산세 과세를 당하는 수 밖에 없냐며 허탈해하고 있다.

조언방향 ::

그렇지 않다. 부득이하게 이사비율이 초과하게 되는 경우 조정할 수 있는 경과규정이 있어 가산세 부담을 피할 수 있다. 아래에서 살펴보자.

이론정리 및 심화학습

| 가산세 부과 경과규정 |

출연자등의 이사가 기준비율(1/5)를 초과하면 가산세 대상이지만 이사가 사망하거나 사임하는 경우와 특수관계인에 해당하지 않던 이사가 특수관계인에 해당하게 되어 출연자등의 이사수가 기준비율(1/5)를 초과하게 되는 경우 그 사유가 발생한 날로부터 2개월 이내에 이사를 보충하거나 개임하는 경우에는 가산세를 부과하지 않는다.

16 CASE 소액출연자 제외

사례연구::

공익법인의 출연자에 대한 규제가 너무나 까다롭다고 생각하는 안노련씨는 빛과 소금 선교재단(총출연재산 100억원)의 관리부장 김샘물씨가 컴퓨터 구입을 위해 1,000만원을 재단에 기부하려는데 이런 경우에도 출연자 가산세규정에 해당하는지 문의하고 있다.

조언방향::

그렇지 않다. 출연자라고 다 규제하는 것은 아니고 소액출연자에 대해서는 가산세 규정을 적용하지 않는다. 가산세 규정에서의 출연자란 재산출연일 현재 공익법인 총출연재산가액의 1%와 2천만원중 적은 금액을 초과하여 출연한 사람을 말한다.

이론정리 및 심화학습

| 소액출연자 예외규정 |

가산세가 적용되는 출연자는 공익법인 총출연재산가액 1%와 2천만원중 적은 금액을 초과하여 출연한 자를 말한다. 위의 경우 선교재단의 총출연재산의 1%인 1억원과 2천만원중 적은 금액인 2천만원을 초과하는 자만이 가산세 대상 출연자이다. 그러나 김샘물부장은 1,000만원을 출연하였기 때문에 가산세 대상 출연자에 해당하지 않는다.

[출연자등의 이사, 임직원 관련 가산세]

구 분		관련비용	
출연자등	소액출연자	가산세 해당 없음	
	고액출연자 (총출연가액1% & 2천만원 중 적은 금액 초과출연자)	이 사	1/5초과시 가산세해당
		임직원	가산세 해당

NOTE 1

공익법인등이 출연받은 재산등을 다음에 해당하는 사람에게 임대차, 소비대차 및 사용대차등의 방법으로 사용·수익하게 하는 경우에는 즉시 그 금액을 증여받은 것으로 보아 증여세를 부과한다.
① 출연자 및 그 친족
② 출연자가 출연한 다른 공익법인등
③ 특수관계에 있는 자
단, 공익법인등이 직접 공익목적사업과 관련하여 용역을 제공받고 정상적인 대가를 지급하는등의 경우에는 그러하지 아니한다.

NOTE 2

공익법인등이 특수관계에 있는 내국법인의 이익을 증진시키기 위해 정당한 대가를 받지 않고 광고홍보를 하는 경우에는 직접 지출된 경비에 상당하는 가산세를 부과한다.

NOTE 3

직접 공익목적사업에 사용하는 것이 사회적 지위, 직업, 근무처 및 출생지 등에 의하여 일부에게만 혜택을 제공하는 경우에는 그 금액에 대해서 증여세를 부과한다. 단, 주무부장관이 기획재정부장관과 협의하여 따로 수혜자의 범위를 정하여 다음 해당조건으로 한 경우는 제외한다.
① 해당 공익법인등의 설립허가의 조건으로 붙인 경우
② 정관상 목적사업을 효율적으로 수행하기 위해 또는 정관상의 목적사업에 새로운 사업을 추가하기 위해 재산을 추가 출연함에 따라 정관의 변경허가를 받는 경우로서 그 변경허가조건으로 붙인 경우

비영리법인의 출연재산 사후관리

1. 출연재산 사후관리
세법에서는 공익법인의 출연재산에 대해 과세가액 불산입 혜택을 주는 대신 엄격한 출연재산 사후관리를 하고 있다. 이러한 사후관리규정을 위반하면 증여세를 과세한다.

2. 사후관리 출연재산의 종류
종교사업에 출연하는 헌금은 사후관리를 받는 출연재산에서 제외한다. 그러나 헌금도 현금이 아닌 부동산이나 주식인 경우 출연재산의 사후관리대상임에 주의해야 한다.

3. 고유목적사업외에 사용
출연받은 재산을 고유목적사업이 아닌 곳에 사용하는 경우 즉시 증여세를 과세한다.

4. 출연재산 사용계획서 제출
공익법인이 재산을 출연받은 경우 그 출연받은 재산의 목록과 사용계획 및 진도에 관한 보고서를 사업연도 종료일로부터 3개월이내에 납세지 관할세무서장에게 제출하여야 한다.

5. 3년이내 미사용

출연받은 재산을 출연받은 날로부터 3년이내에 직접 공익목적사업에 사용하지 않으면 즉시 증여세를 추징한다.

[출연재산 증여세 과세]

구 분		과세 시점
출연재산	목적사업 용도외 사용	즉시 증여세 추징
	3년이내 목적사업 미사용	3년이 되는 날 증여세 추징

6. 부득이한 사유가 있는 경우

직접 고유목적사업등에 사용하는데 장시간이 걸리거나 '부득이한 사유'가 있는 경우에는 세무서장에게 보고하고 그 사유가 없어진 날로부터 1년이내에 직접 고유목적사업에 사용하면 된다. '부득이한 사유'란 법령상 또는 행정상 부득이한 사유로 3년이내에 전부 사용하는 것이 곤란한 경우로서 주무부장관이 인정한 경우를 말한다.

7. 출연재산을 수익사업에 사용한 경우

출연재산을 목적사업이 아닌 다른 곳에 사용하면 즉시 증여세를 과세하지만 출연재산을 수익사업에 사용하여 그 운용소득을 직접 목적사업에 사용하면 증여세를 과세하지 않는다. 단, 출연받은 재산을 수익사업에 사용하는 경우 수익사업에서 발생한 운용소득을 1년이내에 목적사업에

70%이상 사용하지 않으면 미달사용금액의 10%를 가산세로 납부해야 한다.

8. 운용소득을 다른 곳에 사용한 경우

운용소득을 기준사용(70%)금액에 미달하여 목적사업에 사용하면 가산세 과세대상이지만 운용소득을 목적사업에 사용하지 않고 다른 곳에 사용하면 즉시 출연재산에 대한 증여세가 과세된다.

[운용소득 사용에 따른 과세]

구 분	사용내역	과세내용
출연재산 운용소득	기준사용(70%) 미달사용	미달사용금액에 대해 가산세(10%)
	고유목적 외(外) 사용	즉시 출연재산에 증여세과세

9. 출연재산 매각대금의 사용강제

출연 받은 재산을 매각하고 그 매각대금을 3년(매각일이 속하는 과세기간 또는 사업연도 종료일로부터) 이내에 직접 공익목적사업에 사용한 실적이 90%에 미달하는 경우에는 그 미달금액에 대해 증여세를 과세한다.

[가산세와 증여세부과]

구 분	1년이내	2년이내	3년이내
목적사업사용금액	30%	60%	90%
부과세금	미달사용금액 가산세(10%)		미달사용금액 증여세(10%~50%)

10. 출연받은 재산을 다른 공익법인에 재출연한 경우

출연받은 재산을 효율적으로 사용하기 위해 다른 공익법인에 출연하는 것도 직접 공익목적사업에 사용하는 것으로 본다. 이때 다른 공익법인에 재출연하기 위해서는 주무관청의 허가를 받아야 한다.

11. 출연자등에 대한 가산세

출연자 또는 그와 특수관계인이 출연한 공익법인에 이사가 되거나 임직원이 되는 경우에 가산세 과세대상이 될 수 있다.

(1) 이사가 되는 경우

출연자등이 현재 이사의 1/5을 초과하여 이사가 되면 그 초과이사에 대한 관련 비용을 가산세로 부과한다. 현재 이사가 5명에 미달하는 경우에는 5인으로 본다.

(2) 임직원이 되는 경우

출연자등이 이사를 제외한 임직원이 되는 경우 그와 관련된 비용을 가산세로 부과한다.

12. 출연재산 사후관리

출연재산에 대한 사후관리규정을 요약하면 다음과 같다.

[출연재산 사후관리 요약정리]

구 분	규제내용
1. 목적사업에 직접 사용	OK!
2. 다른 용도로 사용	증여세 과세
3. 3년내 미사용	
4. 직접 수익사업에 사용	OK! 단 운용소득 1년이내에 70%이상 목적사업에 사용해야 함 (미달사용시 가산세)
5. 매각후 수익사업에 사용	
6. 매각후 목적사업에 사용	1년이내 30%, 2년이내 60%사용(미달사용시 가산세) 3년이내 90%사용(미달사용시 증여세)
7. 타 공익법인에 재출연	OK! 단 주무관청의 허가필요

13. 가산세 부과 경과규정

출연자등의 이사가 기준비율(1/5)를 초과하면 가산세 대상이지만 이사가 사망하거나 사임하는 경우와 특수관계인에 해당하지 않던 이사가 특수관계인에 해당하게 되어 출연자등의 이사수가 기준비율(1/5)를 초과하게 되는 경우 그 사유가 발생한 날로부터 2개월 이내에 이사를 보충하거나 개임하는 경우에는 가산세를 부과하지 아니한다.

07

비영리법인과 지방세

1 CASE 취득세율(1)무상취득

사례연구 : :

사회복지법인인 문향복지법인은 얼마전 후원자인 정원후씨로부터 건물(취득가액 2억원, 현재시가 10억원)을 출연 받았다. 문향복지법인의 나수오과장은 공익법인의 경우 과세가액 불산입 규정에 의해 증여세가 없다는 것은 알고 있다. 그런데 출연건물의 명의를 문향복지법인명의로 이전할 때 취득세는 어떻게 되는지 문의하고 있다. 나수오씨는 공익법인은 당연히 지방세인 취득세도 비과세될 것이라는 확신을 갖고 있다.

조언방향 : :

비영리법인이라고 하더라도 부동산 취득시 원칙적으로 취득세 납세의무가 있다. 다만 고유목적사업에 직접 사용등을 조건으로 취득세를 감면해주는 제도가 있다. 심화학습에서 자세히 살펴보자.

이론정리 및 심화학습

| 무상취득과 취득세율 |

비영리법인이 무상으로 부동산을 취득하는 경우 원칙적인 취득세율은 다음과 같다.

[무상취득시 취득세율]

구 분	비영리법인	일 반
상속으로 인한 무상취득	2.8%(농지 2.3%)	
상속외의 무상취득(증여등)	2.8%	3.5%

위에서 보듯 상속으로 인한 취득의 경우 일반과 비영리법인의 세율은 동일하다. 하지만 증여등 상속외의 무상취득은 비영리법인(2.8%)이 일반(3.5%)에 비해 낮은 세율을 적용받고 있다.

| 비영리법인의 범위 |

무상취득(상속제외)에 대해 일반세율(3.5%)보다 낮은 세율(2.8%)이 적용되는 지방세법상 비영리법인의 범위는 다음과 같다.

① 종교(또는 제사)를 목적으로 하는 단체
② '교육법'에 따른 학교등
③ '사회복지사업법'에 의해 설립된 사회복지법인
④ '지방세특례제한법'(22조①)에 다른 사회복지법인(양로시설, 아동양육시설, 모자가족복지시설, 한센병 요양시설등)
⑤ '정당법'에 의한 정당

2 CASE 취득세율 (2) 유상취득

사례연구 ::

나수오과장은 비영리법인이 후원자 기부(증여)에 의해 취득한 부동산도 원칙적으로 취득세 과세대상이라는 사실에 놀라고 있다. 나름 학구적인 나수오과장은 만일 문향복지법인이 기부에 의한 취득이 아닌 자체 자금으로 건물을 취득하는 유상취득의 경우 기부에 의한 무상취득과 취득세가 어떻게 다른지 문의하고 있다.

조언방향 ::

무상취득이 아닌 유상으로 직접 부동산을 취득하는 경우 원칙적으로 4%의 취득세를 부담해야 한다. 물론 비영리법인이 고유목적사업에 사용하는 경우에는 감면규정이 있다.

이론정리 및 심화학습

[비영리법인 유·무상 취득과 취득세율]

구 분			취득세율
비영리법인	무상취득	상속으로 인한 취득	3.5%
		상속외의 무상취득	2.8%
	유상취득		4%

| 취득세 과세표준 |

취득세의 과세표준은 취득당시 가액에 의한다. 취득당시의 가액은 신고가액에 의하지만 신고한 가액이 시가표준액(지방세법에 의한)에 미달하는 경우에는 시가표준액으로 한다.

[취득세 과세표준]

원 칙	예 외
취득당시 가액(신고가액)	신고가액이 없거나 시가표준액에 미달하는 경우에는 시가표준액

작은사례

이러한 조언에 문향복지법인의 나수오과장의 상사이자 오랫동안 복지법인 실무를 총괄했던 고지식이사는 아는척 하며 나서고 있다. 자신이 실무자였던 시절 부동산에 대한 등록세도 적지 않았는데 요즘 부동산 취득시 등록세는 얼마나 되는지에 대한 질문이다.

고지식이사가 실무자였던 시절은 너무 오래된 듯하다. 2011년 등록세는 취득세와 통합되었다.

| 취득세 신고기한과 가산세 |

(1) 신고기한

취득세의 신고기한은 취득일로부터 60일이내이다. 다만, 상속으로 인한 취득의 경우에는 상속개시일이 속하는 달의 말일부터 6월이내이다.

[취득세 신고기한]

구 분	신고기한
일반적인 경우	취득일로부터 60일
상속에 의한 취득	상속개시일이 속한달의 말일부터 6개월

(2) 가산세

취득세 신고기한까지 신고납부하지 않은 경우 신고불성실가산세와 납부불성실가산세를 추가로 납부해야한다. 그리고 취득후 산출세액을 신고하지 않고 매각한 경우에는 중가산세(80%)를 부담해야 한다.

[취득세 가산세]

구 분		가산세율
신고불성실 가산세	과소신고	10%
	무 신 고	20%
	부정신고	40%
납부불성실 가산세		1일 0.025% (미납세액 75%한도)
중가산세(신고하지 않고 매각)		80%

3 CASE 사회복지법인의 취득세 감면

사례연구::

취득세에 대한 전반적인 조언에 고마워하는 나수오씨는 사회복지법인에 대한 취득세 비과세에 대해 정리해보고 싶어하고 있다. 출연받은 건물을 고유목적사업에 사용할 예정인 문향복지법인의 나수오씨는 고유목적사업에 사용한다면 당연히 취득세가 비과세될 것이라고 생각하고 있다.

조언방향::

사회복지사업을 목적으로 하는 법인(또는 단체)이 해당 사회복지사업에 직접 사용하기 위하여 취득하는 부동산에 대해서는 2022년12월31일까지 취득세를 면제한다. 따라서 문향복지법인이 출연받은 건물은 취득세 100%감면대상이다. 그런데 비과세와 감면은 다른 개념이니 나오수씨는 잘 구분하여 정리하여야 한다. 심화학습에서 살펴보자.

이론정리 및 심화학습

(1) 비과세

비과세는 국가가 과세권을 행사하지 않겠다는 것으로 비과세 대상은 세무서 신고등의 사후관리가 필요 없다. 예를 들어 양도하는 주택이 1세대 1주택 비과세규정에 해당하면 주택 양도 후 세무서에 신고등을 할 필요가 없다. 왜냐하면 비과세는 과세대상에서 제외되기 때문이다.

(2) 감면

반면 감면은 비과세와 달리 과세대상이지만 여러 가지 사유로 세액의 일부(또는 전부)를 감면하는 것을 말한다. 따라서 감면요건에 해당하는 자는 감면신청을 해야 하고 이에 대한 사후관리를 받아야 한다.

[비과세와 감면차이]

구 분		신고/사후관리
비과세	과세대상 아님	없 음
감 면	과세대상이지만 세액중 일부(또는 전부) 감면함	감면신청, 세무신고와 사후관리 있음

(3) 비영리법인의 취득세 감면

비영리법인에 대한 취득세는 비과세가 아니라 감면규정이다. 따라서 취득세 관련 세무신고와 감면신청, 그리고 감면후 이행사항에 대한 사후관리규정을 철저히 이행하여 취득세를 추징당하지 않도록 해야 한다.

4 CASE 취득세 감면과 사후관리

사례연구::

이러한 조언에 나수오씨는 퉁명스럽게 비과세와 감면의 차이는 알고 있으니 걱정말라고 하고 있다. 100% 감면이면 비과세나 감면이나 그게 그거지 '괜히 좀 안다고 잘난척 한다'라고 생각하는 나수오씨는 취득세 감면받은 후 증여받은 건물을 임대사업에 사용할 예정이다. 그리고 그 임대소득으로 복지법인 운영비를 충당할 예정이다.

조언방향::

큰일 날 수 있다. 앞의 사례에서 보듯 감면규정은 비과세규정과 달리 사후관리대상이다. 사후관리규정을 위반하면 취득세 감면분을 추징당한다.

이론정리 및 심화학습

| 취득세 추징 |

다음중 어느 하나에 해당하는 경우에는 감면된 취득세를 추징하게 된다.

(1) 일정기간 미사용시

취득세 감면받은 부동산을 취득일로부터 3년 경과시까지 직접용도로 사용하지 않은 경우에는 감면받은 취득세를 추징한다.

(2) 2년미만 직접 사용시

해당용도로 직접 사용한 기간이 2년미만인 상태에서 매각,증여하거나 다른 용도로 사용하는 경우에는 감면받은 취득세를 추징한다.

(3) 수익사업에 사용하는 경우

취득일로부터 5년이내에 수익사업에 사용하는 경우에는 역시 감면받은 취득세를 추징한다.

| 추징시 이자상당액 |

감면받은 취득세를 추징하는 경우 감면세액에 1일 0.025%의 이자상당 가산액을 합산하여 납부해야 한다.

5 CASE 사회복지법인의 재산세 감면

사례연구 ::
비영리법인인 문향복지법인의 취득세관련 조언을 잘 정리한 나수오씨는 다른 지방세인 재산세도 취득세처럼 사회복지법인에 대해 혜택이 있는지 문의하고 있다.

조언방향 ::
재산세의 경우에도 비슷한 감면규정이 있다. 아래에서 살펴보자.

이론정리 및 심화학습

| 재산세 납세의무자 |

재산세는 과세기준일인 매년 6월1일 현재 사실상 소유자가 납세의무자이다. 재산세는 보유과세가 아닌 시점과세이기 때문에 과세기준일 현재 소유자가 누구인가 하는 것이 중요하다.

| 사회복지법인 재산세 감면 |

사회복지법인이 과세기준일(6월1일)현재 사회복지사업에 직접 사용하는 부동산의 경우 2022년 12월 31일까지 재산세를 면제한다.

[사회복지법인의 취득세/재산세 감면]

구 분		감면율
사회복지법인	취득세	2022.12.31.까지 100%면제
	재산세	

6 CASE 의료법인 취득세/재산세 감면

사례연구::
사회복지법인의 지방세(취득세,재산세)감면에 대한 자상한 조언에 나수오씨는 이제야 고마워하고 있다. 그런데 나수오씨의 친구이자 적강의료재단의 실무자인 유강적씨는 지방세 감면과 추징규정이 모든 비영리법인에 공통적으로 적용되는 것인지 문의하고 있다. 적강의료재단도 7개월전 후원자로부터 기부받은 부동산이 있지만 취득일로부터 3년내에 고유목적에 직접 사용하면 된다는 생각에 아직 시간이 넉넉히 남아있다는 계산이다.

조언방향::
주의해야한다. 비영리법인에 대한 지방세(취득세,재산세) 감면규정과 추징규정은 비영리법인의 종류별(사회복지법인, 학교법인, 종교단체, 의료기관등)로 서로 다르다. 따라서 비영리법인 종류별로 꼼꼼히 살펴봐야 한다. 의료법인의 경우 취득일로부터 1년이내에 직접 사용하지 않으면 감면 취득세를 추징당한다. 심화학습에서 정리해보자.

이론정리 및 심화학습

| 의료기관 취득세/재산세 감면규정과 추징규정 |

(1) 국립대병원등의 감면기한과 감면비율

국립대병원등의 의료법인이 고유업무에 직접 사용하기 위해 취득하는 부동산에 대해서는 취득세의 75%(50%)를 감면한다. 또한 재산세도 75%(50%) 감면한다.

[국립대 병원등 취득세 감면]

구 분	감면기한	감면비율
취득세	2020년 취득분까지	75%
	2021년 취득분	50%

[국립대 병원등 재산세 감면]

구 분	감면기한	감면비율
재산세	2020년 취득분까지	75%
	2021년 취득분	50%(5년간)

(2) 일반 의료법인의 감면기한과 감면비율

의료법에 의해 설립된 의료법인이 의료업에 직접 사용하기 위해 취득하는 부동산에 대해서는 취득세의 50%(30%)를 감면한다. 재산세에 대해서도 50%를 감면한다.

[일반의료법인등 취득세 감면]

구 분	감면기한	감면비율
취득세	2020년 취득분까지	50%^(주)
	2021년 취득분	30%

(주) 특별시,광역시,도청소재지인 시 지역에서 취득하는 부동산에 대해서는 취득세율(예; 상속외 무상취득 2.8%, 일반적 유상취득 4%등)에서 10/1,000(1%)경감한다.

[일반의료법인등 재산세 감면]

구 분	감면기한	감면비율
재산세	2020년 취득분까지	50%
	2021년 취득분	50%(5년간)

(3) 지방의료원의 감면기한과 감면비율

'지방의료원의 설립 및 운영에 관한 법률'에 의해 설립된 지방의료원이 의료업에 직접 사용하기 위해 취득하는 부동산에 대해서는 취득세의 75%를 감면한다.

[지방의료원등 취득세 감면내용]

구 분	감면기한	감면비율
취득세	2020년 취득분까지	75%
	2021년 취득분	

[지방의료원등 재산세 감면내용]

구 분	감면기한	감면비율
재산세	2020년 취득분까지	75%
	2021년 취득분	75%(5년간)

| 의료기관 취득세 추징사유 |

위의 의료기관등이 다음에 해당하는 경우에는 감면한 취득세를 추징한다.
① 취득일로부터 1년이내에 직접 사용하지 않는 경우
② 직접사용기간 2년미만인 상태에서 매각(증여, 타용도 사용)한 경우

7 CASE 교육기관 취득세/재산세 감면

사례연구 ::

비영리법인에 대한 지방세 감면규정과 추징규정이 기관별로 다르다는 조언에 적강의료재단의 유강적씨는 긴장하고 있다. 의료기관에 대한 지방세 감면과 추징규정을 숙지한 유강적씨는 적강의료재단의 모기관인 적강대학교에 대한 지방세감면은 의료기관과 어떻게 다른지 계속 문의하고 있다.

조언방향 ::

교육법에 의한 학교등을 경영하는 자가 해당사업에 직접 사용하기 위해 취득하는 부동산에 대해서는 2021년12월31일까지 취득세를 면제한다. 그리고 재산세도 과세기준일(6월1일) 현재 해당 교육사업에 직접 사용하는 경우 2021년 12월 31일까지 면제한다. 이처럼 교육기관에 대한 취득세, 재산세 감면규정은 의료재단과 다르고 추징사유도 다르다.

이론정리 및 심화학습

| 교육기관 취득세 추징사유 |

① 취득일로부터 3년 경과시까지 직접용도로 사용하지 않은 경우

② 직접 사용한 기간이 2년미만인 상태에서 매각, 증여하거나 다른 용도로 사용하는 경우
③ 취득일로부터 5년이내에 수익사업에 사용하는 경우

| 교육기관 재산세 면제 제외사유 |

부동산등을 수익사업에 사용하는 경우와 유료로 사용되는 경우에는 재산세는 면제되지 않는다.

[교육기관의 취득세/재산세 감면]

구 분		감면율
교육기관	취득세	2022.12.31.까지 100%면제
	재산세	

8 CASE 종교단체 취득세/재산세 감면

사례연구::
유적강씨는 의료기관과 교육기관에 대한 지방세 감면과 추징규정이 다르다는 사실에 놀라고 있다. 유적강씨는 적강의료재단과 적강대학교의 모태이자 설립시부터 지속적으로 후원하고 있는 적강교회와 같은 종교단체에 대한 규정은 어떤지 궁금해 하고 있다.

조언방향::
종교단체가 종교행위를 목적으로 하는 사업에 직접 사용하기 위해 취득하는 부동산에 대해서는 취득세를 면제한다. 이러한 종교단체에 대한 취득세 감면규정은 의료기관등과 달리 일몰시한 없다는 점이 특징이다. 또한 종교단체등이 과세기준인(6월1일)현재 해당 종교사업에 직접 사용하는 부동산에 대해서는 재산세도 면제한다.

이론정리 및 심화학습

| 종교단체 취득세 추징규정 |

종교단체에 대한 취득세 추징규정은 교육기관의 추징규정과 동일하다.
① 취득일로부터 3년 경과시까지 직접용도로 사용하지 않은 경우
② 직접 사용한 기간이 2년미만인 상태에서 매각, 증여하거나 다른 용도로

사용하는 경우

③ 취득일로부터 5년이내에 수익사업에 사용하는 경우

| 종교단체 재산세 면제 제외사유 |

부동산등을 수익사업에 사용하는 경우와 유료로 사용되는 경우에는 재산세는 면제되지 않는다.

[종교단체의 취득세/재산세 감면]

구 분		감면율
종교단체	취득세	일몰시한없이 100%면제
	재산세	

NOTE

종교단체의 경우 해당 부동산의 소유자가 아닌 그 대표자 또는 종교법인이 해당 부동산을 고유목적의 용도로 사용하는 경우에도 재산세가 감면된다.

9 CASE 문화예술단체 취득세/재산세 감면

사례연구::
유적강씨는 마지막으로 비영리법인중 문화예술단체에 대한 감면과 추징규정에 대해 문의하고 있다. 왜냐하면 적강교회에서는 문화예술의 저변확대를 위해 적강문화재단의 설립을 검토하고 있기 때문이다.

조언방향::
문화예술단체가 문화예술사업에 직접 사용하기 위하여 취득하는 부동산에 대해서는 2021년12월31일까지 취득세를 면제한다. 그리고 문화예술단체등이 과세기준일(6월1일)현재 문화예술사업에 직접 사용하는 부동산의 경우에도 2021년 12월 31일까지 재산세를 면제한다.

이론정리 및 심화학습

| 문화예술단체 취득세 추징사유 |

① 취득일로부터 1년이내에 직접 사용하지 않는 경우
② 직접사용기간 2년미만인 상태에서 매각(증여, 타용도 사용)한 경우
③ 취득일로부터 3년이내에 설립취소가 되는등의 사유에 해당하는 경우

| 문화예술단체 재산세 면제 제외사유 |

부동산등을 수익사업에 사용하는 경우와 유료로 사용되는 경우에는 재산세는 면제되지 않는다.

[문화예술단체의 취득세/재산세 감면]

구 분		감면율
교육기관	취득세	2021.12.31.까지 100%면제
	재산세	

10 CASE 비영리법인별 지방세 감면/추징요약

사례연구::
유적강씨는 이렇듯 자세한 비영리법인별 지방세 감면과 추징규정에 대한 조언에 감동하고 있다. 그런데 설명을 듣고도 차이부분이 정리되지 않아 헷갈리는 유적강씨는 감면규정과 추징규정을 요약해서 정리해달라고 하고 있다.

조언방향::
유적강씨가 헷갈릴만도 하다. 심화학습에서 요약정리해보자.

이론정리 및 심화학습

| 지방세 Vs 국세 |

취득세와 재산세는 대표적인 지방세이다. 비영리법인에 대해 보다 통일적으로 규정된 국세와 달리 지방세인 취득세와 재산세는 비영리기관별로 감면규정과 추징규정이 다르고 감면시한도 상이하다. 따라서 이러한 세부규정들을 잘 정리해 두는 것이 필요하다.

| 지방세(취득세/재산세) 감면 요약 |

비영리기관별 취득세와 재산세 감면내용을 요약하면 다음과 같다.

[비영리법인 취득세 감면요약]

구 분		감면기한	재산세 감면비율
사회복지법인		2022.12.31	100%
종교단체		일몰시한없음	
교육기관 등		2021.12.31	
문화,예술단체			
의료법인	국립대 병원등	2020년 취득분까지	75%
		2021년 취득분	50%
	일반의료법인	2020년 취득분까지	50%(주)
		2021년 취득분	30%
	지방의료원	2020년 취득분까지	75%
		2021년 취득분	

(주) 특별시, 광역시, 도청소재지인 시 지역에서 취득하는 부동산에 대해서는 취득세율(예 : 상속외 무상취득 2.8%, 일반적 유상취득 4%등)에서 10/1,000(1%)경감한다.

[비영리법인 재산세 감면요약]

구 분		감면기한	재산세 감면비율
사회복지법인		2022.12.31	100%
종교단체		일몰시한없음	
교육기관 등		2021.12.31	
문화,예술단체			
의료법인	국립대 병원등	2020년 취득분까지	75%
		2021년 취득분	50%(5년간)
	일반의료법인	2020년 취득분까지	50%
		2021년 취득분	50%(5년간)
	지방의료원	2020년 취득분까지	75%
		2021년 취득분	75%(5년간)

| 비영리법인의 취득세중과 |

비영리법인이라고 하더라도 사치성재산으로 분류되는 물건을 취득하는 경우에는 일반세율(4%)에 중과세율(8%)를 합한 12%의 취득세율이 적용된다.

11 CASE 부동산 명의자와 재산세 감면

사례연구 : :

적강교회 이종일목사는 늘어나는 신자들로 인해 예배당이 협소해지고 있어 걱정이다. 그래서 얼마전부터 교회장로인 남수남장로의 개인건물을 예배당으로 사용하고 있다. 건물사용의 무상제공자인 남장로는 혹시 건물에 대한 재산세감면을 받을 수 없는지 문의하고 있다. 교회의 고유사업에 직접 사용되는 건물이용을 무상으로 제공했는데 재산세까지 부담하는 것은 억울하다는 것이다.

조언방향 : :

남장로는 재산세를 면제받을 수 있다. 재산세 감면의 경우 소유자가 누구냐와 상관없이 과세기준일 현재 고유목적사업에 직접 사용하는 부동산에 대해서는 재산세를 면제한다고 규정하고 있다. 따라서 무상으로 제공되어 예배당으로 사용하고 있는 건물에 대한 재산세는 면제될 수 있다.

이론정리 및 심화학습

| 재산세의 면제요건 |

재산세에 대한 지방세법상 감면규정을 보면 「해당사업에 직접 사용하는 부동산에 대해서는 재산세를 면제한다」라고 규정하고 있다. 따라서 소유자를 불문하고 부동산을 해당 사업에 직접 사용하고 있는지에 의해 면제여부가 결정된다고 판단할 수 있다.

> 작은사례

이러한 조언에 이종일목사의 신학교동기인 이유용목사는 예배당으로 사용할 건물을 구입할 때 교회명의가 아닌 이유용목사 개인명의로 등기했는데 이런 경우에도 취득세와 재산세가 면제되는 것이냐며 혼자 좋아하고 있다.

잘 살펴봐야한다. 취득세의 경우는 목사개인의 명의로 등기했기 때문에 당연히 감면대상에서 제외된다. 그런데 재산세의 경우 필자의 의견으로는 재산세 과세기준일 현재 해당 부동산이 예배당으로 사용하고 있으면 해당 고유사업에 직접 사용하고 있기 때문에 이런 경우에도 재산세는 면제되어야 한다고 생각한다.(다른 해석과 예규도 있으니 참고바람)

12 CASE 지방세 감면제한(최소납부세액제도)

사례연구::

문향복지재단의 나수오과장은 결국 사회복지법인에 대해서는 취득세와 재산세등 지방세를 100% 감면해주니 사후관리규정만 잘 숙지하고 지킨다면 비과세와 다름없다고 속으로 결론내리고 있다.

조언방향::

그렇지 않다. 지방세특례제한법에서는 지방세 감면특례를 제한하고 있다. 즉, 지방세특례제한법에 따라 취득세와 재산세가 면제(100%감면 포함)되는 경우 85%의 감면율만 적용하여 최소 15%의 지방세(취득세와 재산세)는 납부해야 한다. 이를 최소납부세액제도라고 한다.

이론정리 및 심화학습

| 최소납부세액제도의 예외 |

다음의 경우에는 최소납부세액제도(최소 15%의 세액을 납부하도록 하는 규정)를 적용하지 않는다. 즉 전액(100%) 감면받을 수 있다.
① 취득세 산출세액이 200만원 이하인 경우
② 재산세 산출세액이 50만원 이하인 경우

NOTE 감면조례

이와 같은 최소납부세액제도는 지방자치단체의 감면조례에 의해 적용여부와 적용시기를 정할 수 있다.

비영리법인과 지방세

1. 무상취득과 취득세율

비영리법인이 무상으로 부동산을 취득하는 경우 취득세율은 다음과 같다.

[무상취득시 취득세율]

구 분	비영리법인	일 반
상속으로 인한 무상취득	2.8%(농지 2.3%)	
상속외의 무상취득(증여등)	2.8%	3.5%

상속외의 무상취득에 대해 일반세율(3.5%)보다 낮은 세율(2.8%)이 적용되는 비영리법인(비영리사업자)은 다음과 같다.

① 종교(또는 제사)를 목적으로 하는 단체
② '교육법'에 따른 학교등
③ '사회복지사업법'에 의해 설립된 사회복지법인
④ '지방세특례제한법'(22조①)에 다른 사회복지법인(양로시설, 아동양육시설, 모자가족복지시설, 한센병 요양시설등)
⑤ '정당법'에 의한 정당

2. 유상취득과 취득세율

비영리법인이 무상이 아닌 유상으로 직접 부동산을 취득하는 경우 원칙적으로 4%의 취득세를 부담해야 하며 고유목적사업에 사용하는 경우에는 감면규정이 있다.

[비영리법인 유·무상 취득과 취득세율]

구 분			취득세율
비영리법인	무상취득	상속으로 인한 취득	3.5%
		상속외의 무상취득	2.8%
	유상취득		4%

3. 취득세 과세표준

취득세의 과세표준은 취득당시 가액에 의한다. 취득당시의 가액은 취득자의 신고가액에 의하지만 신고한 가액이 시가표준액(지방세법에 의한)에 미달하는 경우에는 시가표준액으로 한다.

[취득세 과세표준]

원 칙	예 외
취득당시 가액(신고가액)	신고가액이 없거나 시가표준액에 미달하는 경우에는 시가표준액

[취득세 신고기한]

구 분	신고기한
일반적인 경우	취득일로부터 60일
상속에 의한 취득	상속개시일이 속한달의 말일부터 6개월

[취득세 가산세]

구 분		가산세율
신고불성실가산세	과소신고	10%
	무 신 고	20%
	부정신고	40%
납부불성실 가산세		1일 0.025% (미납세액 75%한도)
중가산세(신고하지 않고 매각)		80%

4. 사회복지법인의 지방세 감면

[사회복지법인의 취득세/재산세 감면]

구 분		감면율
사회복지법인	취득세	2022.12.31.까지 100%면제
	재산세	

5. 의료기관의 지방세 감면

[국립대 병원등 취득세 감면]

구 분	감면기한	감면비율
취득세	2020년 취득분까지	75%
	2021년 취득분	50%

[국립대 병원등 재산세 감면]

구 분	감면기한	감면비율
재산세	2020년 취득분까지	75%
	2021년 취득분	50%(5년간)

[일반의료법인등 취득세 감면]

구 분	감면기한	감면비율
취득세	2020년 취득분까지	50%(주)
	2021년 취득분	30%

(주) 특별시,광역시,도청소재지인 시 지역에서 취득하는 부동산에 대해서는 취득세율(예; 상속외 무상취득 2.8%, 일반적 유상취득 4%등)에서 10/1,000(1%)경감한다.

[일반의료법인등 재산세 감면]

구 분	감면기한	감면비율
재산세	2020년 취득분까지	50%
	2021년 취득분	50%(5년)

[지방의료원등 취득세 감면내용]

구 분	감면기한	감면비율
취득세	2020년 취득분까지	75%
	2021년 취득분	

[지방의료원등 재산세 감면내용]

구 분	감면기한	감면비율
재산세	2020년 취득분까지	75%
	2021년 취득분	75%(5년간)

의료기관등이 다음에 해당하는 경우에는 감면한 취득세를 추징한다.
① 취득일로부터 1년이내에 직접 사용하지 않는 경우
② 직접사용기간 2년미만인 상태에서 매각(증여, 타용도 사용)한 경우

6. 교육기관의 지방세 감면

[교육기관의 취득세/재산세 감면]

구 분		감면율
교육기관	취득세	2022.12.31.까지 100%면제
	재산세	

교육기관이 다음에 해당하면 감면한 취득세를 추징한다.
① 취득일로부터 3년 경과시까지 직접용도로 사용하지 않은 경우
② 직접 사용한 기간이 2년미만인 상태에서 매각, 증여하거나 다른 용도로 사용하는 경우
③ 취득일로부터 5년이내에 수익사업에 사용하는 경우

7. 종교단체의 지방세 감면

[종교단체의 취득세/재산세 감면]

구 분		감면율
종교단체	취득세	일몰시한없이 100%면제
	재산세	

종교단체에 대한 감면한 취득세 추징규정 다음과 같다.
① 취득일로부터 3년 경과시까지 직접용도로 사용하지 않은 경우
② 직접 사용한 기간이 2년미만인 상태에서 매각, 증여하거나 다른 용도로 사용하는 경우
③ 취득일로부터 5년이내에 수익사업에 사용하는 경우

8. 문화예술단체의 지방세 감면

[문화예술단체의 취득세/재산세 감면]

구 분		감면율
교육기관	취득세	2021.12.31.까지 100%면제
	재산세	

다음에 해당하면 감면한 취득세를 추징한다.
① 취득일로부터 1년이내에 직접 사용하지 않는 경우
② 직접사용기간 2년미만인 상태에서 매각(증여, 타용도사용)한 경우

③ 취득일로부터 3년이내에 설립취소가 되는등의 사유에 해당하는 경우

9. 지방세 감면요약

[비영리법인 취득세 감면요약]

구 분		감면기한	재산세 감면비율
사회복지법인		2022.12.31	전액
종교단체		일몰시한없음	
교육기관 등		2021.12.31	
문화,예술단체			
의료법인	국립대 병원등	2020년 취득분까지	75%
		2021년 취득분	50%
	일반의료법인	2020년 취득분까지	50%(주)
		2021년 취득분	30%
	지방의료원	2020년 취득분까지	75%
		2021년 취득분	

(주) 특별시, 광역시, 도청소재지인 시 지역에서 취득하는 부동산에 대해서는 취득세율(예 : 상속외 무상취득 2.8%, 일반적 유상취득 4%등)에서 10/1,000(1%)경감한다.

[비영리법인 재산세 감면요약]

구 분		감면기한	재산세 감면비율
사회복지법인		2022.12.31	전액
종교단체		일몰시한없음	
교육기관 등		2021.12.31	
문화,예술단체			
의료법인	국립대 병원등	2020년 취득분까지	75%
		2021년 취득분	50%(5년간)
	일반의료법인	2020년 취득분까지	50%
		2021년 취득분	50%(5년간)
	지방의료원	2020년 취득분까지	75%
		2021년 취득분	75%(5년간)

10. 비영리법인의 취득세중과

비영리법인이라고 하더라도 사치성재산으로 분류되는 물건을 취득하는 경우에는 일반세율(4%)에 중과세율(8%)를 합한 12%의 취득세율이 적용된다.

08

비영리법인의 의무와 불이익

1 CASE 비영리공익법인 월별 중요 신고의무

사례연구 : :

정리정돈에 일가견이 있는 나정돈씨는 재단법인 내적자유(內的自由)에 근무하고 있다. 비영리공익법인인 내적자유는 미래 AI시대의 인간정신 황폐화 위험에 대비하여 여러 가지 인문학적 공익사업을 펼치고 있다. 나정돈과장은 사례로 알아보는 비영리법인 관련 세금을 공부하고 난 후 매우 만족하면서 반복학습하여 자신의 것으로 만들고자 결심하고 있다.

무엇이든 정리정돈을 해야만 직성이 풀리는 나정돈과장(정리정돈에 있어서는 앞서 등장한 안노련이사보다 한 수 위다)은 비영리법인이 반드시 신고해야할 중요한 사항에 대해 월별로 정리하고자 한다. 나정돈씨는 잠깐 시간을 내서 간단한 표로 만드는 작업을 시작하고 있다.

조언방향 : :

조언할 것이 없다. 나정돈과장의 자세는 정말 본받을 만하다. 우린 다만 그가 간단히 정리한 비영리공익법인 월별 중요 신고사항을 무임승차해 보자.

이론정리 및 심화학습

| 월별 신고사항 |

나정돈과정이 정리한 비영리공익법인의 월별 신고해야할 주요 사항은 다음과 같다. 대부분의 비영리공익법인의 결산일이 12월 말이어서 이를 기준으로 한다.

[1월]
- 전년도 2기분(작년 7월1일~12월31일) 부가가치세의 확정신고
- (세금)계산서합계표 제출

[2월]
- 근로소득세 연말정산 신고

[3월]
- 수익사업에 대한 법인세 신고
- 외부회계감사보고서 제출
- 외부전문가 세무확인 결과보고
- 출연재산 보고서 제출
- 기부금품 모금액 및 활용실적명세서 제출
- 기부금단체의 의무이행여부 점검결과

[4월]
- 공익법인 결산서류 국세청 홈페이지에 공시
- 수익사업 법인소득에 대한 지방소득세 신고납부
- 부가가치세 1기분 예정신고

[5월]
- 개인 종합소득세 신고
  (비영리법인과는 별로 관계없을 수 있는데 나정돈씨가 정리해 논 것임.
  아마 근로소득외 다른 종합소득이 있어 종합소득세 신고해야 하는 다른
  임직원을 위한 배려로 보임)

[6월]
기부금영수증 발급명세서 제출

[7월]
- 제1기 부가가치세 확정신고
- 세금계산서 합계표 제출

[8월]
- 수익사업 법인세 중간예납 신고납부
- 주민세 신고

[10월]
- 부가가치세 2기분 예정신고

2 CASE 납세협력의무 불이행시 불이익

사례연구::

간단하지만 성의있게 정리한 내역을 나정돈과장은 실무자인 무대책씨와 공유하고 있다. 하지만 천성적으로 별로 세상일에 관심도 대책도 없는 무대책씨는 3월이 되어도 신고사항을 준비하고 있지 않은 듯하다. 무대책씨는 비영리공익법인인데 어떻게 할거냐는 다소 이상한 배짱이다. 마음이 급한 나정돈과장은 무대책씨에게 경각심을 주기위해 납세협력의무 불이행시 불이익은 무엇이 있는지 다시 정리하여 전달하고 있다.

조언방향::

비영리공익법인이라고 해도 납세협력의무를 이행하지 않으면 많은 불이익이 있다. 아래에서 살펴보자.

이론정리 및 심화학습

| 공익법인 납세협력의무 불이행시 불이익 |

(1) 국세청 결산서류 공시의무 불이행

시정요구(1개월이내)에도 이행하지 않은 경우 자산총액의 0.5% 가산세

(2) 외부감사를 받지 않은 경우

수입금액과 출연재산을 합한 금액의 0.07%의 가산세

(3) 외부전문가 세무확인서 보고의무 불이행

다음 중 큰 금액의 가산세
① (수입금액＋출연재산)의 0.07%
② 100만원

(4) 출연재산 관련 보고서 제출의무등 불이행

미제출, 불분명금액 관련 증여세액의 1%(5천만원 한도)의 가산세

(5) 기부금영수증 발급내역 작성, 보관. 제출의무 불이행

사실과 다르게 발급한 경우는 그 금액의 2%, 명세서를 미작성한 경우 그 금액의 0.2%의 가산세

(6) 장부작성, 비치의무 불이행

수입금액과 출연재산을 합한 금액의 0.07%의 가산세

(7) 전용계좌 개설·사용의무

1) 전용계좌 미사용 : 전용계좌 미사용 금액의 0.5%의 가산세
2) 전용계좌 개설·신고하지 않은 경우 : 다음 ① ②중 큰 금액의 가산세
   ① 직접 공익목적사업과 관련한 수입금액의 0.5%
   ② 전용계좌 의무사용금액 합계액의 0.5%

전용계좌 개설·사용의무

작은사례

무대책씨에게 경종을 울리고자 협력의무 불이행시 가산세 사항을 정리하던 나정돈과장은 자기도 몰랐던 사실이 있음에 스스로 놀라고 있다. 비영리공익법인은 전용계좌 개설사용의무가 있다는 것을 새롭게 알게 된 나정돈씨는 급히 이에 대해 자세히 알아보고 있다.

공익법인(종교법인 제외)은 직접 공익목적사업과 관련한 다음의 수입과 지출이 있으면 전용계좌를 사용해야 한다. 전용계좌는 최초 공익법인에 해당하게 된 날로부터 3월이내에 개설하여 세무서장에게 신고해야 한다. (전용계좌는 공익법인별로 둘 이상 개설할 수 있다.)

① 직접 공익목적사업과 관련한 수입과 지출을 금융회사(대통령령이 정하는)를 통하여 결제하거나 결제받는 경우
② 기부금, 출연금 또는 회비를 받는 경우(현금으로 직접 받는 경우 수령후 5일이내에 전용계좌에 입금하는 경우 제외)
③ 인건비, 임차료를 지급하는 경우
④ 기부금, 장학금, 연구비등 대통령령이 정하는 직접 공익목적사업비를 지출하는 경우(100만원 초과시만 해당)
⑤ 수익용 또는 수익사업용 자산의 처분대금, 그 외 운용소득을 고유목적사업회계에 전입(현금 등 자금의 이전 수반시)하는 경우

부록

세금계산 FLOW

1. 법인세 계산 FLOW
2. 양도소득세 계산 FLOW
3. 상속세 계산 FLOW
4. 증여세 계산 FLOW
5. 부가가치세 계산 FLOW

법인세 계산 Flow

| 수입사업 당기운영이익 | 공익법인회계기준에 의해 작성된 운영성과표 상의 수익사업(기타사업) 당기운영이익 |

+ 익금산입·손금불산입
− 익금불산입·손금산입

공익법인 회계기준과 법인세법의 차이로 인한 세무조정사항

= 각사업연도 소득금액

− 이월결손금   10년간 이월공제가능

− 비과세소득

− 소득공제

= 법인세 과세표준

× 법인세율   2억원까지 10%, 2억원 초과분 20%, 200억 초과분 22%, 3,000억원 초과분 25%

= 법인세 산출세액   토지 등의 양도소득에 대한 법인세 등 가산

- 세액공제·감면	법인세법과 조세특례제한법상의 세액공제와 감면
+ 가산세	신고불성실·무기장가산세 등
= 법인세 납부세액	

양도소득세 계산 Flow

양도가액
- 취득가액

양도가액과 취득가액은 실거래가액으로 계산하는 것이 원칙이나 증빙 등에 의해서도 실거래가액이 확인되지 않는 경우에는 기준시가 등에 의한다.

- 제비용

취득부대비용, 설치비와 개량비, 자본적지출액, 양도비 등의 비용을 차감한다. 그러나 양도차익계산을 기준시가로 하는 경우에는 실제발생한 비용을 인정하지 않고 일률적으로 취득당시 기준시가의 3%를 공제한다.

= 양도차익

- 장기보유특별공제

3년 이상 보유한 등기된 토지·건물에만 적용되며 양도차익의 6%~30%(1세대 1주택은 24%~80%)를 공제한다.

- 양도소득기본공제

부동산 등의 양도와 주식양도, 파생상품양도에 대해 각각 자산별로 1년에 250만원 공제된다.

= 양도소득 과세표준

× 양도소득세율

일반적인 경우 과세표준의 6%~42%이며 미등기양도는 70%, 1년 미만 보유 50%(주택·입주권은 40%), 2년 미만 보유 40%(주택·입주권은 일반세율)이다(주식은 10%~30%).

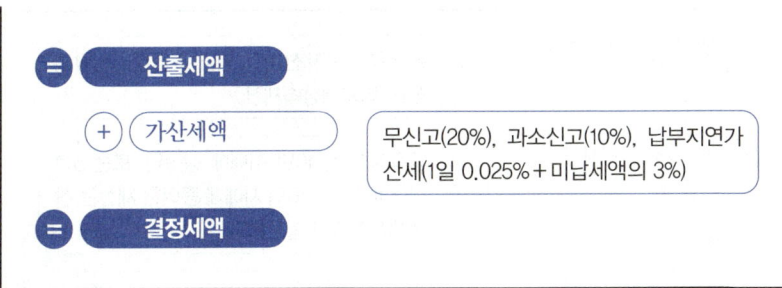

NOTE

- 분 납 : 양도소득세 산출세액이 1천만원을 초과하는 경우에는 2개월 이내에 분납할 수 있다.

상속세 계산 Flow

상속재산가액: 본래의 상속재산 + (보험금, 퇴직금, 신탁재산) – 비과세상속재산

+ 사전증여재산: 상속개시 전 10년 이내에 상속인, 또는 5년 이내에 상속인외의 자에게 증여한 재산은 상속재산가액에 합산한다.

+ 추정상속재산: 상속개시 전 1년 이내에 2억, 또는 2년 이내에 5억 이상의 처분재산(또는 부담채무)의 사용처를 입증하지 못한 경우에는 상속재산가액에 합산한다.

− 과세가액불산입액: 공익법인 등에 출연한 재산과 공익신탁재산은 상속세과세가액에 산입하지 않는다.

− 장례비용 등: 공과금, 장례비용, 채무는 상속재산가액에서 공제한다.

= 상속세과세가액

− 상속공제

1. 기초공제: 기본공제 2억원 + 가업상속공제(가업상속 재산가액 상당하는 금액으로 경영기간에 따라 공제한도 차등)

2. 배우자공제: 다음 중 적은 금액
   ① 실제로 배우자가 상속받은 금액
   ② 민법상 배우자지분비율 이내
   ③ 30억원

3. 기타인적공제	① 자녀공제 : 1인당 5천만원 ② 미성년자공제 : (19세- 현재 나이)×1천만원 ③ 연로자공제 : 1인당 5천만원 ④ 장애자공제 : (기대여명연수) × 1천만원
4. 일괄공제	(기초공제 + 기타인적공제)를 공제받는 대신 선택가능하며 공제금액은 5억원 + 가업상속공제이다.
5. 금융재산상속공제	순금융재산(금융재산-금융부채)의 20%를 공제해 주는 것으로 2억원을 한도로 한다. 단, 순금융재산이 2천만원까지는 전액공제 되며 순금융재산이 2천만원 ~ 1억원인 경우에는 2천만원이 공제된다.
6. 재해손실공제	상속세 신고기한 내에 재해를 입은 경우에는 손실된 상속재산가액을 공제한다.

= 상속세 과세표준

(×) 상속세율 — 10% ~ 50%의 5단계 초과누진세율이다.

= 상속세 산출세율

(+) 세대생략상속가산액 — 자녀 이외의 직계비속(손자 등)에게 상속할 때에는 산출세액의 30%(40%)를 할증과세한다.

= 산출세액 합계

− 세액공제

① 증여세액공제 — 상속재산에 합산하는 증여재산의 경우 증여시 납부한 기납부증여세는 산출세액에서 공제한다.

② 외국납부세액공제 — 외국상속재산에 대해 외국에 납부한 상속세액은 공제한다.

③ 단기상속세액공제 — 10년 이내에 재상속이 개시된 경우 단기상속세액공제 대상이 된다.

④ 신고세액공제 — 상속세 신고기한(6월) 이내에 신고시 3%를 세액공제한다.

+ 가산세 — 무신고(20%), 과소신고(10%), 납부지연가산세(1일 0.025% + 미납세액의 3%)

= 상속세 납부세액

증여세 계산 Flow

증여재산가액 — 본래 증여한 재산을 말한다.

(+) **증여추정금액** — 배우자나 직계존·비속에 대한 양도와 특수관계자를 이용한 양도에 대해서는 증여로 추정한다.

(+) **증여의제금액** — 특수관계자에게 고가양수, 저가양도한 경우 증여로 의제한다.

(+) **재차증여합산과세** — 동일인에게 10년 이내에 증여를 또 받는 경우 합산과세한다.

(−) **비과세금액** — 국가·지방자치단체 등으로부터 증여받는 재산은 증여세 과세대상이 아니다.

(−) **과세가액불산입액** — 공익법인 등이 증여받은 재산은 과세가액에 산입하지 않는다.

(−) **채무액** — 부담부증여 등의 경우 증여재산과 함께 부담한 채무액은 증여재산가액에서 차감한다.

= 증여세 과세가액

(−) **증여재산공제**
1. 배우자 : 6억원
2. 직계존·비속 : 5,000만원(미성년자 2,000만원)
3. 6촌 이내의 혈족, 4촌 이내의 인척 : 1천만원

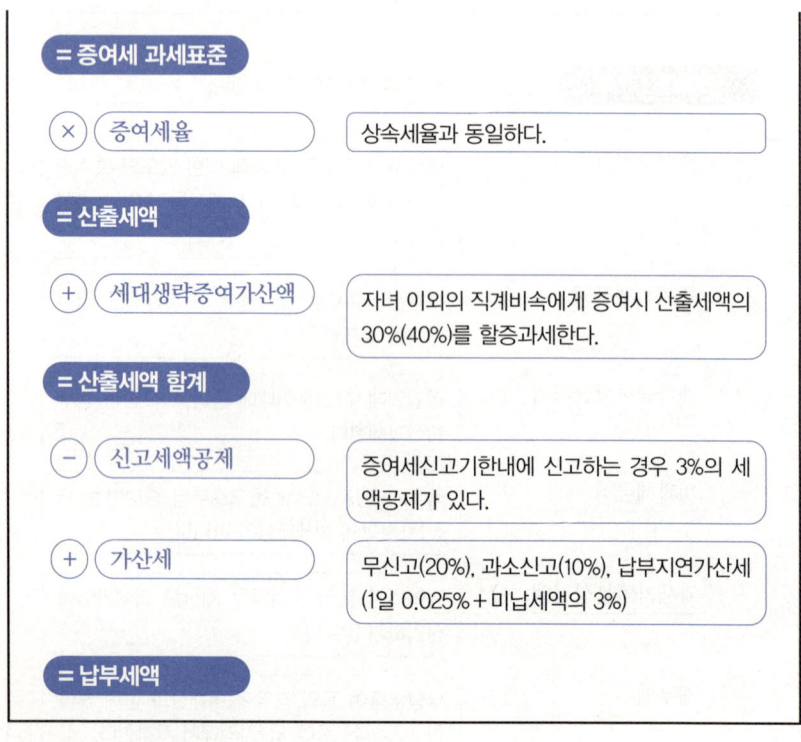

NOTE
증여세의 경우 **연부연납과 분납**에 대해서는 상속세의 규정을 준용한다.

부가가치세 계산 Flow

매출세액	부가가치세 과세표준 × 세율(10%)
− 매입세액	매입처별세금계산서합계표상의 매입세액
= 납부세액	
− 세액공제	신용카드매출전표 등의 발행에 대한 세액공제
− 기타공제 · 경감세액	
− 예정신고 미환급세액	납부세액에서 예정신고시 미환급세액을 차감
+ 가산세	세금계산서 불성실 가산세 등 각종 불이행에 대한 가산세
= 차감 납부(환급)세액	

사례로 알아보는 **비영리법인 임직원을 위한 쉬운 세금**

발행일 2020년 11월 20일 초판 1쇄
저 자 고동호
발행인 임재환

발행처 유비온
등 록 제22-630호(2001. 4. 17)
주 소 서울시 구로구 디지털로 34길 27 대륭포스트타워 3차 601호
전 화 02-2023-8789(위탁거래 문의)
　　　　 02-2023-8788(현매거래 문의)
팩 스 02-6020-8590
ISBN 978-89-5863-583-3 (13320)

- 정가는 뒤표지에 있습니다.
- 낙장이나 파본은 교환해드립니다.
- 저자와 합의하여 인지를 생략합니다.

- 이 책의 무단전재 또는 복제행위는 저작권법에 의거하여 처벌을 받게 됩니다.

> 본서에서 언급하고 있는 저자의 규정해설과 과세관청의 해석과는 차이가 있을 수 있으며, 또한 특정사안에 대한 구체적인 의견제시가 아닙니다. 따라서 실제사안에 적용할 때는 저자 또는 전문가 집단과 충분히 상담하신 후 적용하실 것을 권고합니다.